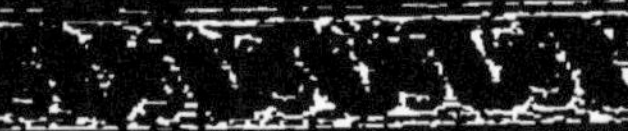

DOCUMENS

RELATIFS

AU COMMERCE

DES NOUVEAUX ÉTATS

DE L'AMÉRIQUE,

COMMUNIQUÉS

PAR LE BUREAU DE COMMERCE ET DES COLONIES, AUX PRINCIPALES CHAMBRES DE COMMERCE DE FRANCE.

EXTRAITS DU JOURNAL DU COMMERCE.

PARIS,

LA LIBRAIRIE DE L'INDUSTRIE,

RUE SAINT-MARC, N° 40;

ET CHEZ A. LA LIBRAIRIE DU COMMERCE.

DOCUMENS

SUR

L'AMÉRIQUE.

DOCUMENS

RELATIFS

AU COMMERCE

DES NOUVEAUX ÉTATS

DE L'AMÉRIQUE,

COMMUNIQUÉS

PAR LE BUREAU DE COMMERCE ET DES COLONIES, AUX
PRINCIPALES CHAMBRES DE COMMERCE DE FRANCE.

(PUBLIÉS PAR LE JOURNAL DU COMMERCE.)

PARIS,

A LA LIBRAIRIE DE L'INDUSTRIE,

RUE SAINT-MARC, N° 10;

ET CHEZ RENARD, A LA LIBRAIRIE DU COMMERCE,

RUE SAINTE-ANNE, N° 71.

Septembre 1825.

Lettre de M. le Président du bureau de Commerce et des Colonies, aux principales Chambres de Commerce du Royaume.

Paris, le 12 septembre 1825.

Mᴇssɪᴇᴜʀs,

Parmi les documens que le bureau de commerce a recueillis sur nos rapports avec l'Amérique du sud, il en est un grand nombre qui, indépendamment de leur utilité pour le gouvernement du roi comme élémens et bases de la législation commerciale, sont propres à éclairer nos armateurs sur les chances de ces expéditions lointaines, et qui, réunis à ce qu'on a pu connaître déjà par la voie des correspondances particulières, semblent de nature à produire une information aussi complète que peuvent l'exiger les intérêts matériels de nos industries et de notre navigation.

Tous les renseignemens de ce genre, c'est à dire tous ceux qui peuvent être de quelque application dans nos ports, ont donc été, par les soins du bureau, mis en lumière et disposés dans un ordre propre à en faciliter la recherche ; et je me fais un plaisir de vous en transmettre ci-joint la collection divisée en six cahiers, portant le nom de chacune des grandes divisions territoriales de l'Amérique du sud, savoir : le *Mexique*, la *Colombie*, le *Pérou*, le *Chili*, *Buénos-Ayres* et le *Brésil*.

La classification de ces renseignemens est celle qui a paru le plus se rapprocher de l'ordre naturel des idées qui concourent à la formation d'une expédition d'outre-mer : et comme il est raisonnable, lorsqu'on destine ses capitaux à l'approvisionnement d'une contrée lointaine, de se demander quelles sont les ressources de cette contrée, à quels objets elle donne particulièrement la préférence, et enfin quel est le traitement que sa législation réserve aux produits de l'étranger ; de même on a cru devoir consacrer la première partie des cahiers préindiqués à des *renseignemens sommaires sur l'état commercial du pays* ; la seconde à des *informations sur le* choix des articles de cargaison, et la troisième à l'analyse des tarifs et réglemens commerciaux.

Sous le premier titre, on a compris, relativement à chaque pays, tout ce qui peut jeter du jour sur l'étendue de ses facultés, tant pour consommer que pour produire; sur la disposition des esprits à l'égard des nations étrangères; sur la mesure des succès que chacune de ces nations peut se promettre tant pour le présent que pour l'avenir, et enfin sur les moyens de soutenir ou de vaincre leur concurrence.

Le second, qui se rapporte à la partie purement matérielle des expéditions, offre le détail aussi circonstancié que possible des marchandises de France qui conviennent aux diverses localités, avec l'indication des qualités que l'on préfère; et même de la forme extérieure que doivent avoir les colis. On a aussi tenu compte quelquefois des prix auxquels les mêmes articles se vendent; mais comme ces renseignemens sont, de leur nature, fort variables, et forment d'ailleurs le principal objet des correspondances commerciales, on a cru devoir en user avec sobriété, et seulement lorsqu'ils ont paru être le complément obligé de quelques indications principales.

Quant à la troisième partie, le travail dont elle a été l'objet consistait à présenter dans leur véritable sens, les obligations imposées aux navigateurs étrangers par les actes de l'autorité locale, et à donner, autant que possible, le chiffre des déboursés auxquels ils sont assujettis tant pour les divers produits que pour les navires mêmes.

En offrant ainsi, Messieurs, le résumé des communications faites jusqu'à ce jour au gouvernement du roi, le bureau de commerce n'a pas besoin d'avertir que les faits demeurent, quant au fond, tels qu'il les a puisés aux sources les plus dignes de foi, et que sa tâche s'est bornée à mettre ensemble les notions analogues qui se trouvaient éparses dans des documens divers, en ayant le soin de les éclaircir et de les compléter les uns par les autres.

Recevez, Messieurs, l'assurance de ma considération distinguée.

Le conseiller d'état, président du bureau de commerce
et des colonies,   signé SAINT-CRICQ.

AVANT-PROPOS.

(*Extrait du* Journal du Commerce *du* 20 *septembre* 1825).

La cause de l'Amérique a été l'objet de notre cons-
tante sollicitude parce qu'en elle est non seulement
une source de prospérité commerciale pour la France,
mais un ferme appui pour la cause de la liberté et de
la civilisation. Se souvient-on du jour déjà bien loin
de nous, où, accablés du poids de la censure et de
tant de lois d'exception, nous ne désespérions pas du
triomphe des vrais principes, par cela seul qu'on
restait engagé dans les voies du crédit, et nos lecteurs n'ont-ils pas présent à leur mémoire tout ce que
nous exprimâmes d'espérances dès que le ministère
eût pris la résolution, d'ailleurs si fatalement combi-
née avec la loi d'indemnité, de rouvrir au crédit
une nouvelle carrière aussitôt que le 5 p. o/o eut ter-
miné la sienne en arrivant au pair ?

Nous crûmes à l'émancipation prochaine de Saint-
Domingue; nous l'affirmâmes comme un fait; nous y
applaudîmes dès qu'elle fut connue, comme à l'acte le
mieux approprié à l'époque actuelle, comme à la chose
la mieux faite depuis la restauration, et, les journaux

qui la révoquaient le plus en doute, avant qu'elle fût officielle, et qui hésitaient à la louer quand elle le fut devenue, la préconisent aujourd'hui comme *un des actes les plus libéraux qu'ait produits la révolution.* L'un d'eux, que son énergique indépendance et sa franche opposition amènent presque toujours sur le même terrain que nous, va jusqu'à l'élever au-dessus des actes de notre première assemblée nationale, qui avait bien déclaré les hommes égaux devant la loi; mais qui, parmi les hommes, ne comprenait pas les noirs.

Nous n'avions fait néanmoins que le raisonnement le plus simple. Nous avions dit que puisqu'on voulait avoir du crédit, il fallait mériter la confiance et favoriser le commerce, et que ni l'un ni l'autre ne pouvait être obtenu qu'en gouvernant au dedans et au dehors dans le sens le plus favorable à l'opinion publique et aux intérêts généraux. Nous signalions à l'appui de cette considération la société toujours en travail, toujours en marche sous l'échafaudage administratif qu'on élevait dans une direction tout opposée, et nous ne doutons plus des résultats.

La loi fautive, qui néanmoins engageait si vivement le ministère dans l'avenir du crédit, fut votée le 26 mars par la chambre des députés.

La pétition du commerce de Paris au roi pour lui demander aide et protection dans l'Amérique, fut publiée dans notre feuille le 9 avril.

Notre journal du 11 rendait compte de la requête au roi sur le même sujet de la chambre de commerce

de Bordeaux, où se trouvaient également les considé-
rations les plus puissantes pour hâter un arrangement
avec Saint-Domingue.

Le 17 avril, l'ordonnance qui émancipe Saint-Domingue fut signée par S. M.

A la même époque probablement, le bureau de
commerce s'efforçait d'obtenir sur tous les points du
Nouveau-Monde les renseignemens précieux qu'il
vient de communiquer aux principales chambres de
commerce du royaume et qui, nous n'hésitons pas à
le dire, ont dû être demandés et recueillis dans l'esprit
le plus favorable à nos intérêts commerciaux et aux
relations nouvelles qu'ils ambitionnent. L'absolue
nécessité de la reconnaissance prochaine des nouveaux
états de l'Amérique nous paraît écrite à chaque ligne
de la lettre de M. le président du bureau de commerce
et des documens du plus haut intérêt qu'elle renferme.
C'est du moins l'impression la plus nette et la plus
profonde qui nous soit restée d'une première lecture.

Il ne s'agit plus en effet de vagues invitations à aller
en Amérique et de la singulière faculté accordée par
le roi d'Espagne à nos vaisseaux d'y aborder dans
certains ports, tandis que les mêmes journaux où se
trouvaient ces déclarations, traitaient de factieux et
de rebelles les autorités du pays. On y est loin surtout de détourner le commerce français, comme l'a
fait encore tout récemment le *Moniteur* même, de
ces rapports avec l'Amérique où la prépondérance
anglaise ne nous laissait apercevoir que des pertes et
des naufrages. Non, le langage et les faits des docu-

mens précieux auxquels nous allons donner une attention particulière sont tout à fait en harmonie, enfin, et avec les représentations du commerce au gouvernement, et avec les opinions que nous avons constamment émises sur ce sujet.

L'ordre et la sécurité qui règnent dans les nouveaux états;

L'importance croissante de leur consommation et de leur production;

Les avantages dont jouissent les Anglais, avantages dus uniquement à l'abondance de leurs capitaux et à leurs établissemens sur les lieux;

La prédilection prononcée des habitans pour les Français;

La préférence qu'ils sont tout disposés à donner à nos produits pour peu que nous nous appliquions à étudier leurs goûts;

Les grands avantages que s'assureraient les Français en s'établissant aussi dans ces contrées;

La protection que les autorités locales s'empressent même de leur accorder;

Le grand nombre de produits agricoles et manufacturés que la France peut fournir à l'Amérique, sans redouter aucune concurrence;

La situation des *Anglais* qui n'*y sont qu'utiles*, et *point aimés;*

Voilà autant de vérités plusieurs fois reconnues dans les documens que nous allons publier.

Un caractère nouveau dans les œuvres de l'administration distingue d'ailleurs cet important travail;

c'est celui d'une sollicitude éclairée pour les intérêts commerciaux, qui s'enquiert avec curiosité de
tout ce qui les touche, et qui descend aux plus petits détails et aux observations les plus minutieuses
pour corriger des erreurs dangereuses ou donner
d'utiles avertissemens. Tout y est vu de haut et de
près.

Du reste, c'est en les publiant dans le plus grand
détail que nous mettrons nos lecteurs à même d'en
juger. Nous espérons faciliter ainsi aux chambres de
commerce elles-mêmes la plus grande publicité de
ces documens, qui est sans doute dans leur intention,
et encourager le bureau de commerce à persévérer
dans cette voie de la publicité où nous appelons
constamment l'administration, comme la plus sûre
et la plus prompte pour conduire en toutes choses au
vrai et à l'utile.

Mais que serviraient tant d'avis et de soins pour
encourager le commerce à engager ses capitaux et
ses produits dans ces contrées lointaines, si la protection efficace et officielle du gouvernement ne l'y
suivait immédiatement? C'est assez attendre. Les
intérêts de l'Espagne, de la France et de l'Amérique peuvent facilement se concilier, et leur accord
laisse apercevoir à tous les esprits un remède à des
maux qui sans lui peut-être seraient incurables. Dans
tous les cas, la France ne saurait en pâtir. Sa mal-
heureuse intervention dans les affaires de la Pénin-
sule lui coûte assez de regrets et de sacrifices. Il est
tems qu'elle songe à ses propres affaires, et il sera

tems bientôt que son gouvernement songe à la ré-
forme radicale des lois contraires à l'esprit de la
Charte et à l'état de la société. Ce n'est pas tout que
d'adopter un bon système, il faut l'exécuter en tous
points, et franchement.

DOCUMENS

SUR LE COMMERCE

DES NOUVEAUX ÉTATS

DE L'AMÉRIQUE.

MEXIQUE.

N° I. *Renseignemens sommaires sur l'état commercial du Mexique.*

Six ports principaux sont fréquentés par les navigateurs étrangers sur la côte orientale du Mexique.

Parmi ces ports, la Vera-Cruz est le seul qui puisse recevoir de grands bâtimens ; mais le mouillage en est mauvais : de sorte que, depuis la fin de septembre 1823, les bâtimens de commerce n'abordent plus à la Vera-Cruz, et vont mouiller à l'île des Sacrifices lorsque leur tirant d'eau ne leur permet pas d'entrer à Alvarado.

Alvarado prend chaque jour une nouvelle importance, en raison de la sécurité complète qu'il offre aux navires qui ont dépassé la barre ; mais ce passage n'est pas sans difficultés, et il ne faut pas s'y présenter sans pilote.

Tampico, qui est en possession d'approvisionner une grande partie de l'intérieur, est surtout fréquenté par les Américains de la Louisiane : c'est aussi l'un des points les plus importans pour le commerce de

France, en raison du débouché qu'il peut offrir aux eaux-de-vie et surtout aux toileries, ainsi qu'aux cotonnades : d'ailleurs, le mouillage en dehors est beaucoup moins dangereux qu'à la Vera-Cruz et à Alvarado.

Quant à Soto-la-Marina, il n'est guère fréquenté que par de très petits bâtimens, la plupart contrebandiers, partis de la Nouvelle Orléans et de la Havane.

Enfin, Campêche et Tabasco sont les ports qui approvisionnent non-seulement tout le Yutacan, mais encore une grande partie de Guatimala qui, en 1822, faisait partie intégrante du Mexique, et par lesquels s'effectue en même tems l'écoulement des productions de la même contrée.

Toutes les époques de l'année ne sont pas également favorables pour les ventes des produits étrangers sur la côte du Mexique : si l'on veut se défaire promptement et avec avantage des marchandises européennes, il faut y aborder de la fin d'octobre au commencement d'avril, saison pendant laquelle les habitans de l'intérieur, ne craignant plus le *vomito*, auquel ils sont plus exposés que les étrangers, se déterminent à descendre sur le littoral pour y former leurs approvisionnemens : il est vrai que cette saison est celle des ouragans du nord-ouest ; mais c'est un obstacle qu'on peut braver avec moins de danger qu'on ne le pense communément.

Le commerce du Mexique était, dans l'origine, exploité à peu près exclusivement par les Américains du nord ; et il est toutefois à remarquer que leurs relations ne profitaient pas à eux seuls, attendu qu'il entrait habituellement dans leurs cargaisons de la quincaillerie anglaise, des toileries d'Allemagne, des vins et eaux-de-vie de France.

Après eux, les agens de la compagnie rhénane se présentèrent avec des assortimens dont on goûta le choix, et qui furent d'abord recherchés.

Mais aujourd'hui, c'est l'Angleterre dont l'inlluence prévaut au Mexique de même que dans les autres parties de l'Amérique espagnole : les Américains du nord y sont en quelque sorte oubliés ; la compagnie rhénane essaie seule encore de soutenir la concurrence britannique.

Quant à la France, les dispositions des Mexicains lui sont tellement favorables, que son commerce pourrait bientôt occuper le premier rang dans cette contrée. Mais trois causes principales s'opposent à nos progrès, savoir : 1º l'absence de tout comptoir français sur les lieux, dont les soins continuels seraient d'étudier les goûts des habitans et d'écarter la concurrence des Européens ; 2º le faible développement qu'a pris chez nous l'esprit d'association, et qui s'oppose à ce qu'une masse de capitaux suffisante soit consacrée aux spéculations d'outre-mer ; 3º la défaveur que les premiers envois ont jetée sur nos produits, quelques expéditeurs n'ayant pas craint de courir après des bénéfices exagérés, en trompant sur les qualités.

Sous ces divers points de vue, le commerce anglais a suivi une direction diamétralement opposée, et le succès n'a pas trompé son attente.

On le répète, les Anglais ne sont pas aimés au Mexique ; ils n'y sont qu'utiles. D'un autre côté, la compagnie rhénane ne doit l'heureuse issue de ses tentatives qu'à l'imitation introduite par l'Allemagne de plusieurs branches de notre industrie. La France n'a donc besoin que de sa propre volonté pour reprendre dans ce pays tous ses avantages.

Quant à l'importance du commerce extérieur au Mexique, on peut jusqu'à un certain point s'en faire une idée par le relevé ci-après des états formés pour le port de la Vera-Cruz, par le *consulado* ou tribunal de commerce de cette ville ; en ayant soin de remarquer que la part attribuée dans ces états au commerce avec l'Espagne doit se trouver aujourd'hui répartie entre les autres nations étrangères.

IMPORTATIONS.

	D'ESPAGNE.		D'AMÉRIQUE.		DES AUTRES CONTRÉES.	TOTAL.
	Produits espagnols.	Produits étrangers.	Produits américains.	Produits étrangers.		
	Piastres.	Piastres.	Piastres.	Piastres.	Piastres.	Piastres.
1820	5,068,856	4,462,140	1,244,093	2,413,677	363,951	13,551,717
1821	5,473,848	2,534,620	579,044	619,545	57,995	7,245,052
1822	1,259,023	319,755	650,033	324,446	1,169,764	3,723,019

EXPORTATIONS.

	POUR L'ESP.	POUR L'AMÉR.	P. LÉS AUTRES CONTRÉES.	TOTAL.
	Piastres.	Piastres.	Piastres.	Piastres.
1820	9,371,972	1,251,114	270,614	10,893,700
1821	9,706,522	262,995		9,969,517
1822	7,161,312	2,137,308	1,008,839	10,307,459

NAVIGATION A L'ENTRÉE.

	1820	1821	1822
Navires venant directement d'Espagne.	52	} 48	} 34
Id. d'Espagne, en relâchant à la Havane	5		
Id. d'Amérique........................	128	61	66
Id. des autres contrées..................	1	7	30
Totaux...............	186	116	130

NAVIGATION A LA SORTIE.

	1820	1821	1822
Navires partis directement pour l'Espag.	10		
Id. pour l'Esp., en relâchant à la Havane	26	37	} 96
Id. pour l'Amérique.....................	46	42	
Id. pour les autres contrées...........	1	»	30
Totaux.............	85	79	126

N° II. Informations sur le choix des cargaisons.

Produits du sol de la France.

Les seuls produits de notre sol susceptibles d'être importés au Mexique sont les vins, les eaux-de-vie, un petit assortiment de vinaigres blancs, d'huiles d'olive et d'amande douce ; et quelques fruits secs.

Les vins et eaux-de-vie qui arrivent d'Europe au Mexique, ne sont guère consommés que par les Espagnols européens ou créoles, et par les étrangers qui s'y établissent ; le reste de la population ne fait usage que de *pulque*, liqueur fermentée indigène, et de tafia qui se distille dans le pays ou s'y importe de la Havane.

Les vins de Catalogne sont préférés à nos vins de Bordeaux que l'on trouve sans force et sans couleur ; mais on pourrait leur donner les qualités qui font rechercher ceux de Catalogne. Des vins de Palus, coupés avec les vins de Cahors et animés par du Roussillon, seraient fort goûtés. L'expérience a été faite. Les vins blancs d'Espagne ne pouvant plus être introduits seraient avantageusement remplacés par le Sauterne et les muscats de Frontignan, qui sont déjà connus au Mexique. Ils doivent être envoyés en caisses et de bonne qualité, pour être bien et facilement vendus. On trouverait également à bien placer des vins de Champagne mousseux en paniers ; mais il faudrait commencer par de petits envois.

Les vins rouges doivent être de bonne qualité sans être trop chers ; les vins fins et légers étant à la portée de peu de personnes, surtout dans le moment de gêne actuel, il n'en faudrait envoyer qu'une petite quantité.

Il est indispensable d'imiter les eaux-de-vie espagnoles si l'on veut vaincre les préjugés contre les nôtres. Il faudrait augmenter le degré de force et rendre la couleur plus foncée.

Vinaigre blanc, fort et en médiocre quantité.

Au Mexique l'huile par excellence est celle qui est grasse et d'un goût fort. Il n'en est pas de même des huiles d'amande douce; on ne saurait les envoyer trop fraîches.

Fruits secs : Raisins et figues de bonne qualité, avelines et amandes. Les amandes en quantité plus grande que le reste, un tiers princesses et deux tiers flots.

Produits manufacturés.

Quant aux produits de nos manufactures, le nombre de ceux qui conviennent au Mexique est très étendu, ainsi que le prouve l'énumération qui va suivre :

Toiles de Bretagne, étroites et larges, par pièces de 5 aunes 1/2. Ces toiles, nommées dans le pays *britanias legitimas*, continuent à être très estimées et très recherchées. Quoique depuis long-tems il n'en arrive qu'une très petite quantité relativement aux *britanias contracchas* qui se fabriquent en Silésie, constans dans leurs habitudes et convaincus par l'expérience qu'elles sont d'une beaucoup plus grande durée, les habitans du Mexique leur accordent toujours une telle préférence, qu'elles se sont vendues 30 et jusqu'à 37 p. 100 plus cher que les contrefaçons allemandes. Il faut avoir l'attention de n'en porter que dans les sortes dites *secondes supérieures, premières fines et secondes fines*, toutes les autres qualités n'étant pas aussi courantes. La consommation de ces toiles est immense au Mexique, où elles s'emploient généralement pour le linge de corps des deux sexes.

Batistes.—Cet article, quoique toujours usité, n'est pas actuellement d'une aussi grande consommation qu'il l'était autrefois, parce qu'en raison de la gêne du moment, les toiles de coton fines (percales), qui sont moins chères, leur ont été substituées dans beaucoup d'usages. Par conséquent il en faut peu, bien choisies et seulement dans les qualités moyennes.

Coutils.—Quelques coutils blancs et très fins pour pantalons d'été, et le double de coutils à moyennes barres bleues et rouges, fins et demi-fins, pour oreillers et matelas, etc.

Linons unis, mouchetés et à fleurs. — Il en est des linons comme des batistes; les mêmes motifs de gêne et d'économie leur font substituer, dans beaucoup de cas, les gazes de coton. Il sera donc prudent de mettre la même réserve dans les envois.

On peut, en tems ordinaires, être assuré d'une défaite prompte et avantageuse des articles ci-dessus; mais ce n'est que sur les bretagnes que l'on doit forcer en quantité, les autres objets n'étant que d'une défaite médiocre.

On pourrait tenter d'introduire quelques toiles de Beauvais, connues sous le nom de *toiles de Paris.* Il serait peut-être dangereux et prématuré de faire actuellement un pareil essai sur les *toiles de Cretonne* et *de Rouen fil rond,* que leur bonne qualité rend trop chères; mais on devrait s'occuper de reprendre la branche de commerce des toiles de Bretagne fil plat, connues sous le nom de *Pontivi* ou *platille,* des *Morlaix, Rouen fil plat* et *estoupilles,* que nous avons laissé échapper, et dont la Westphalie et la Silésie se sont emparées au grand détriment du commerce français.

Rubans de fil. — On ne pourra, aujourd'hui, introduire au Mexique avec avantage des rubans de fil français, qu'en s'assujettissant à imiter ceux de Si-

lésie qui sont à fil plat, et dont les pièces ne contiennent que 12 aunes au lieu de 15 que portent les
pièces françaises.

Fil à coudre blanc.—On ne connaît au Mexique
que le fil anglais qui y est très estimé. Pour que le fil
français puisse y être de bonne défaite, il faudrait
imiter le fil anglais dans la division des écheveaux,
dans le degré de torsion et dans la manière dont il
est empaqueté. Nos écheveaux sont généralement trou-
vés trop forts et notre fil trop tordu.

Mouchoirs de Cholet. — L'envoi de quelques
mouchoirs de Cholet peut être tenté, sans crainte
d'y perdre, dans les qualités les plus fines. Tant que
durera la gêne actuelle, on ne peut se flatter ni d'en
écouler beaucoup, ni de les vendre à un grand bénéfice, parce que le placement de cet article, dont on
consommait beaucoup autrefois, sera toujours con-
trarié par des imitations faites en Silésie, que l'on y
établit à un prix bien inférieur et qui le rempla-
cent dans l'usage.

Mouchoirs en batiste. — Une petite quantité de
beaux mouchoirs de batiste unis et avec de belles
broderies aura un débouché facile et avantageux.
Sur cet objet, la concurrence est peu à craindre en
raison de la préférence qu'on donne aux dessins de
nos broderies.

Draps.—Deux causes réduisent la consommation des
draps étrangers au Mexique : d'abord, l'existence de
manufactures locales dont les draps, quoique fort
communs, servent à une partie de la population;
ensuite, l'habitude contractée d'acheter de vieux
habits que l'on porte sous le manteau jusqu'à ce
qu'ils soient en guenilles. Il y a lieu de penser néanmoins qu'avec le tems la consommation augmentera.

Les qualités qui conviennent le mieux sont les
draps légers, de belle qualité et bien lustrés, dans
les couleurs noir, bleu de roi, olive, brun et autres

nuances foncées. Les draps communs de 2ᵉ et 3ᵉ qualités sont prohibés.

Casimirs. — Les casimirs doivent être des mêmes couleurs que les draps, en y ajoutant quelques pièces de blanc et de nuances claires, délicates et de mode; mais l'étoffe en devra être plutôt renforcée que légère.

Tissus de mérinos. — Quoique ces tissus soient encore peu connus au Mexique, ils ont paru être goûtés, et il serait utile d'en essayer un petit envoi. Les couleurs indiquées pour les casimirs conviendraient en faisant entrer dans le nombre des nuances légères quelques pièces de bleu turc et de beau bleu céleste.

Flanelles. — Les flanelles blanches sont les seules demandées. Il en faut peu et seulement dans les qualités fines et moyennes, attendu que les manufactures du pays en fournissent dans les sortes inférieures.

Bas d'estame. — Noirs seulement et en petite quantité pour l'usage des hommes. Ils doivent être de belle qualité.

Chapeaux. — Il se fabrique au Mexique des chapeaux de toutes qualités, et particulièrement dans les sortes communes. Ces derniers suffisent à la consommation locale; mais les fins ne suffisent pas, et quoique défectueux sont trop chers. La chapellerie fine peut donc devenir dans ce pays un objet d'écoulement très important pour l'industrie française. Mais pour obvier aux frais de transport que le volume de cet article occasionne, il faudrait les envoyer pliés à plat avec toutes leurs garnitures, et prêts à être mis en forme et montés. Il serait essentiel de choisir des qualités surfines et du plus beau noir possible pour balancer la concurrence des chapeaux de fabrique des États-Unis, qui sont beaux et bons. Les chapeaux ronds pour hommes doivent être mi-partie à poil ras et mi-partie à long poil ; ceux pour les ecclésiastiques et pour les militaires entièrement à poil ras, fins et et superfins, grands bords.

Schals. — Un très petit assortiment de schals carrés, laine de cachemire et fabriqués en France, serait bon à envoyer pour tenter d'ouvrir cette branche de débouchés. Il est à croire que, recherchés par quelques personnes riches, ils pourront être avantageusement vendus. Ceux de l'Inde sont trop chers pour y être d'une défaite courante.

Crêpes en laine pour deuil. — Une petite quantité d'un beau noir.

Prunelles ou *bombasin.* — L'usage de la prunelle ou bombasin est très considérable au Mexique. La prunelle noire à l'usage des femmes, appelée *alépine,* doit être portée dans les qualités les plus fines, d'un beau noir lustré imitant la soie. Celle à l'usage des hommes doit être moins fine et plus forte. Les couleurs préférées sont le bleu foncé et le noir pour les ecclésiastiques qui en consomment beaucoup.

Indiennes. — Les impressions françaises sur le coton jouissent au Mexique du plus haut degré d'estime et de recherche. La supériorité des tissus et leur plus grande largeur, la fixité des couleurs et le bon goût des dessins, leur font accorder une préférence incontestable. On y a remarqué surtout des indiennes d'un fond rouge éclatant, manufacturées à Mulhouse, et que les Anglais ont vainement tenté d'imiter. Celles de ces dernières dont les dessins forment des colonnes en fleurs, sont généralement plus goûtées. Une partie, arrivée à la Vera-Cruz, a été vendue 14 réaux la vare espagnole, ce qui les faisait ressortir à 12 fr. 75 cent. l'aune. Malheureusement le bas prix des indiennes anglaises réduit la consommation des nôtres à la classe aisée qui, dans ce moment, est la moins nombreuse au Mexique. Il s'ensuit que si nos manufacturiers veulent trouver un grand débit de leurs impressions, il devient indispensable qu'ils usent de représailles envers les manufactures anglaises, en imitant leurs indiennes communes comme elles cherchent à imiter nos indiennes fines. Les dessins les plus recherchés sont ceux à colonnes en fleurs, et à fleurs entre des colonnes. Les fleurs ou bouquets doivent être petits et bien tranchans sur des fonds de couleur. Les fonds blancs n'ont que peu ou point de cours. Les assortimens doivent être d'une grande variété pour les fonds et les dessins.

Robes d'indienne en coupons. — Les Anglais introduisent au Mexique une grande quantité de robes d'indienne en coupons, dans toutes les qualités, de toutes les couleurs, et dont les bordures sont larges et élégantes. D'après la préférence accordée aux impressions françaises, cet article est d'autant moins à négliger que la consommation en est grande, surtout dans les qualités communes.

Schals. — Les schals en indienne 6/4, d'un joli goût et avec une large bordure, sont d'une défaite courante. Cet article n'est point prohibé par le décret du 20 mai 1824, qui ne parle que des schals appelés *panos de reboso.*

Percales. — Les belles percales, qui s'emploient pour robes et autres vêtemens extérieurs, sont très demandées. Il n'en faut faire cependant que de faibles envois jusqu'à ce qu'on soit assuré que la concurrence anglaise n'expose pas à des pertes au lieu de bénéfices.

Robes de mousseline en coupons. — Les robes de mousseline en coupons doivent être envoyées dans les qualités fines, et d'une richesse de broderie qui réponde à la finesse de l'étoffe. Les Anglais en ont importé qui, sans être très chères, sont d'une grande apparence.

Bas de coton. — Les bas de coton, tant pour hommes que pour femmes, doivent être fins et de bonne qualité; ceux pour femmes de deux tiers unis et un tiers brodés et à jour : il en faudrait également pour les enfans de différens âges.

Mouchoirs imitant les mouchoirs de Madras. — L'usage en est très grand. Ce sont les Anglais qui les introduisent et les fournissent à très bon compte. Article à imiter.

Velours de coton. — Uni, noir et bleu. Ces deux couleurs sont aujourd'hui les seules en usage. Il ne faut pas forcer sur la quantité.

Dentelles de coton. — De toutes largeurs. Si l'on en porte peu et de bon goût, on peut espérer d'en faire une vente avantageuse.

Soieries. — Les nouveaux articles, tels que levantines, virginie, etc., ne sont pas encore d'une défaite courante et avantageuse au Mexique ; il faut se conformer aux habitudes existantes, et y porter de préférence les étoffes ci-après :

Satins. — Unis et de belle qualité, dite *palente* en Espagne, blancs et noirs : peu ou point de couleurs. Si l'on voulait en essayer sur quelques pièces, celles qui ont été indiquées comme préférées généralement, dans les étoffes de soie, sont : bleu, bleu céleste, bleu turc, amaranthe, lilas, violet, carmelite, isabelle et aurore. On fait observer ici, une fois pour toutes et afin de n'être pas obligé de le répéter à chaque article, qu'en fait de soieries, tout ce qui est blanc doit être d'un beau blanc de perle, et point azuré ; que tout ce qui est noir doit être d'un noir parfait qui n'ait point un coup d'œil bleu.

Draps de soie. — Noir seulement et en petite quantité. On pourrait y joindre un assortiment de soieries noires brochées, telles que celles que l'on emploie en France pour gilets.

Serges de soie. — Noires 7/8 de largeur. Cette étoffe est toujours très recherchée par les ecclésiastiques riches, pour leurs vêtemens, et par les femmes, qui les préfèrent pour les robes (*basquinas*) dont elles se servent lorsqu'elles vont aux cérémonies religieuses ou en visites.

Taffetas. — Doubles et de belle qualité ; très peu de blancs et beaucoup de noirs. Outre que les femmes s'en servent pour une partie de leurs habillemens, il s'en consomme beaucoup pour les mantilles, qui sont d'usage universel.

Velours de soie. — Bleu, noir, cramoisi : très fin et en petite quantité.

Bas de soie. — 2/3 pour femmes, 1/3 pour hommes. Les bas de soie pour hommes doivent être blancs, beaux et de bonne qualité ; ceux pour femmes 1/3 unis et 2/3 à jour, et brodés richement sur jours, de belle qualité et blancs. Quelques douzaines de bas de soie noire, pour hommes, suffiront, les ecclésiastiques étant les seuls à en porter ; il en faut également peu pour les femmes, qui n'en font usage que pour le deuil. — Cet article est un des plus importans par son immense consommation. Tout le monde en veut, jusqu'aux servantes, qui, lorsqu'elles ont quelques économies, achètent le bas de soie et le soulier de satin, pour sortir le dimanche. Mais, par cette même raison, il ne faut rien négliger pour s'en assurer la fourniture, et malheureusement des bas de soie sortis de nos manufactures les ont discrédités dans quelques provinces, où l'on commence à préférer les bas anglais. Comme cet article se paie bien et s'achète facilement lorsqu'il est bon, il y aurait de la folie à le porter mauvais.

Schals et mouchoirs de soie pour le cou. — Les premiers 6/4, d'un joli goût et de nuances délicates, avec des bordures larges ; les seconds, noirs et de toutes les couleurs de mode. Très courans.

Zelias ou *fichus à jour.* — D'un joli goût et en moyenne quantité.

Rubans satin. — De couleurs variées. Par pièces de 12 aunes roulées sur bois dans les nos 1, 1 1/2, 2,

3, 4, 5. Il en faut plus dans les bas numéros que dans les hauts. On avait porté au Mexique des rubans larges, brochés, gaze, etc.; mais ils étaient de mauvaise vente et presque sans défaite.

Blondes noires. — Bords unis et dentelés. Cet article est d'un usage universel pour l'ornement des mantilles et des *basquinas*, ou robes que les femmes portent lorsqu'elles vont à l'église ou en visites. Leur largeur doit être depuis 4 jusqu'à 10 pouces; elles doivent être fines; d'un point à petit jour, et d'une broderie riche et de goût.

Voiles de blonde. — Noirs, à bordure élégante, à petits jours et de moyenne grandeur; il en faut peu.

Voiles de tulle. — Point.

Schals de tulle. — Grands et de broderie élégante; peu.

Tulle. — Uni, brodé, très fin; médiocre quantité.

Quant à nos belles soieries pour les tapisseries, meubles et décors d'appartemens, le moment ne paraît pas encore venu d'en porter dans un pays où les plus riches particuliers sont à peine meublés, où peu de maisons ont des rideaux aux fenêtres.

En général, les soieries françaises sont plus sujettes à se piquer que celles qui viennent de la Chine et d'Espagne; elles exigent le plus grand soin dans les envois.

Papier blanc. — C'est un des articles les plus considérables d'importation au Mexique. La consommation qui s'en fait par les manufactures de *cigares* est immense, indépendamment de celle des administrations publiques et des particuliers. On peut s'en faire une idée d'après les envois de l'Espagne qui se sont élevés de 360 à 400,000 rames dans une année. Les besoins continuent toujours à en être très grands, et rien ne le prouve mieux que le prix auquel se maintient cet article. En 1802, époque à laquelle l'Espagne n'avait aucun concurrent, on le trouve porté, dans la balance du commerce de la Vera-Cruz, établie d'après les estimations faites pour le paiement des droits, à 3 piastres 2 réaux la rame, ou 17 fr. 6 cent.; dans celle de 1820, moment où a commencé la concurrence, à 3 piastres 4 réaux ou 18 fr. 37 cent.; et depuis lors, que toutes voies ont été ouvertes à son introduction, on le trouve dans les mêmes balances à 3 p. 3 1/3 réaux ou 17 fr. 93 c., en 1821; et en 1822, à 3 piastres 3 réaux ou 17 fr. 71 c. la rame.

Pour exploiter avec tout avantage cette branche d'importation, aussi courante que considérable, il faudrait que nos manufactures s'attachassent à imiter dans leurs dimensions, couleur, collage, corps et degré de battage, les papiers des fabriques de Catalogne et de Valence, connus sous le nom de *florete* et *medio florete*. A ces sortes, qui doivent former la grande masse des envois, on pourrait joindre quelques papiers plus grands et propres à l'impression.

Parfumerie assortie. — Peu.

Bijouterie. — Fausse et bien choisie. La bijouterie vraie n'est d'aucune défaite.

Plumes d'autruche — Moyennes et petites, blanches, rouges, vertes et autres couleurs agréables.

Eventails. — Choisis, élégans et peu chers. Seulement, un petit nombre de riches et à tiges de nacre de perle, incrustées en or. Tous petits.

Eau de Cologne. — Forte, bonne qualité, et en boîtes de six flacons.

Glaces. — Moyennes, cadres riches et de bon goût.

Lustres. — Jolis, mais pas trop chers; il en faut peu.

Armes. — Pistolets demi-arçons et de poche, canons en cuivre; quelques fusils de chasse doubles et simples.

La quincaillerie anglaise, arrivée en grande quantité par les Etats-Unis, et maintenant importée directement d'Angleterre, laisse peu d'espoir de placer avantageusement la nôtre, qui est plus chère et moins estimée.

Il est des articles dont la fabrication, originaire de France, est passée à l'étranger, et qui sont d'une grande consommation dans les Amériques; il serait d'un grand intérêt que nos manufactures s'en occupassent de nouveau. On peut citer les *platilles écrues et blanches* qui se fabriquaient à Laval, Mayenne et Pontivi, et dont aujourd'hui les fabricans de la Silésie se sont emparés; les *Rouens* (Ruan), genre d'étoffe dont la fabrication est également passée en Silésie. Il en est de même des *Morlaix* dont le nom suffit pour indiquer l'origine; des estoupilles, espèce de toile semblable à la batiste qui se manufacturait à Cambrai, Saint-Quentin, Valenciennes.

Nos manufactures devraient aussi chercher à imiter quelques marchandises que les étrangers fournissent seuls maintenant à l'Amérique, telles que les Brabants, toile grise originaire de la Belgique; les toiles de *Russie* (Russia), dont l'usage est presque universel pour la classe commune; les *gingas* de Silésie que l'on préfère en Amérique aux gingas français.

A tous les articles d'importation ci-dessus mentionnés, il faut joindre le mercure, dont l'introduction pourrait présenter des bénéfices, quoique les compagnies anglaises se soient réservé de le fournir aux propriétaires avec lesquelles elles ont contracté, pour le rétablissement des mines. Dans le cas où on en enverrait, il serait nécessaire, tant pour le charger comme lest sans avoir à craindre le coulage que pour la facilité et l'avantage de la vente, qu'il fût expédié en cruches de fer de la nature et du poids de celles dont on s'est toujours servi en Espagne, mais portant une marque de la fabrique française, pour éviter en douane les difficultés qui pourraient résulter de la prohibition existante. Dans la même vue, il serait essentiel que nos armateurs se pourvussent de certificats d'origine bien en règle pour les vins, eaux-de-vie, huiles et papiers, sur lesquels on ferait des essais susceptibles de les faire prendre pour des produits espagnols.

Formes d'emballage et poids des colis.

Il n'existe pas de grandes routes au Mexique ; la constitution physique du pays ne permettra jamais d'y opérer des transports par des navigations naturelles ou artificielles ; dès-lors le commerce n'a d'autre ressource pour ses transports que l'emploi coûteux et incommode des bêtes de somme. Le poids fixé pour la charge d'une mule est de 16 arrobes ou 200 kil., divisés en deux parties égales pour se balancer sur le bât. Il faut donc que les objets destinés à être importés au Mexique, soient divisés en colis susceptibles d'être acceptés par les muletiers. Défaire et refaire des ballots entraînerait une grande perte de tems et une augmentation de frais qu'il faut éviter. Tous les liquides doivent être en barils de 8 litres bien conditionnés et cerclés en fer, ou en caisses de 5o bouteilles.

Articles de retour.

Les métaux précieux forment le principal objet de retour des cargaisons importées au Mexique. Les autres produits du pays que l'on pourrait exporter sont la cochenille, la vanille, l'indigo, le sucre, d'une extrême beauté, mais d'un prix trop élevé pour soutenir la concurrence, la résine de jalap et la salsepareille.

N° III. TARIFS ET RÉGLEMENS COMMERCIAUX.

Ports ouverts au commerce.

Les cinq ports de San-Blas, Acapulco, Alvarado, Vera-Cruz et Tampico sont seuls ouverts au commerce extérieur.

Tous les pavillons sont admis dans les cinq ports, sous l'obligation imposée aux capitaines des navires d'acquitter les droits et d'observer les formalités prescrites pour la perception.

Droit de tonnage.

Les navires arrivant avec un chargement à destination du Mexique, doivent un droit de tonnage fixé à 1/2 piastre forte par tonneau pour les étrangers, et à un réal pour les nationaux, sans préjudice du droit de phare à la Vera-Cruz, de celui de pilotage et autres perçus dans la rivière de Tampico et dans quelques ports du Mexique, pour subvenir à des dépenses locales.

Relâches.

Les bâtimens en relâche, qui ne peuvent stationner dans les ports que pendant le tems nécessaire pour réparer leurs avaries ou renouveler leurs provisions, sont traités d'après les principes adoptés, dans les cas semblables, à l'égard du pavillon mexicain par les puissances respectives.

Manifestes.

Lorsque le navire a jeté l'ancre dans le port, et dès que les préposés de la douane sont arrivés à bord, le capitaine ou son subrécargue doit leur remettre son manifeste en double expédition, énonçant 1° le nom du capitaine, celui du navire, son tonnage, le nombre d'hommes d'équipage, le nom du port de départ et les jours de mer ; 2° les balles, ballots, caisses, barils et autres colis, avec leurs marques, numéros, consignation et l'espèce de marchandise qu'ils contiennent : immédiatement après, il est procédé à la fermeture des écoutilles et à l'apposition des scellés. Le manifeste et le sceau sont ensuite remis à la douane.

Dans les 24 heures qui suivent son arrivée, le capitaine doit se rendre à la douane pour y certifier, sous serment, l'exactitude du manifeste, ce délai de 24 heures étant le seul accordé pour réparer les omissions qui auraient pu être faites. Il doit également, avant l'expiration de 48 heures, faire savoir à l'administration s'il n'est plus dans l'intention d'effectuer son déchargement, auquel cas il est tenu de sortir immédiatement du port avec son manifeste qui lui est rendu.

Dimension des colis.

Les balles, ballots, caisses et autres colis doivent contenir des marchandises pour le poids de 9 ou 10 arrobes au moins, sous peine de confiscation des objets qui seraient dans des colis de moindre poids. Sont exceptés de cette obligation, les articles seuls de leur espèce dans chaque cargaison, et les colis destinés à faire l'appoint d'une partie.

Déchargement du navire.

Le déchargement du navire commence aussitôt après que le capitaine a fait connaître son intention de rester dans le port, et remis une déclaration en double expédition de sa cargaison.

Marchandises soustraites.

Si, lors du déchargement, le nombre des colis porté sur le manifeste n'est pas livré à la douane, le capitaine ou le subrécargue est tenu de payer le triple des droits dûs pour les colis manquans, lesquels sont calculés d'après les plus fortes évaluations du tarif.

Marchandises non portées sur le manifeste.

Toute marchandise non comprise dans le manifeste est irrévocablement saisie, et il est procédé à la visite du bâtiment.

Marchandises prohibées.

Sont prohibés, les liqueurs fortes extraites de la canne à sucre, ou de toute autre espèce, sauf celles extraites du raisin ; les légumes, racines et plantes de jardin de toutes sortes ; anis, cumin et carvi ; amidon, riz, sucre, gros sirop, café, viandes salées et fumées ; grains de toute sorte ; fruits verts de toute espèce ; farine, excepté dans l'état de Yucatan, conformément aux décrets provinciaux ; volailles et œufs ; savon dur et mou ; graisse de porc et huile d'ours ; vermicelle et macaroni ; biscuit ; sel commun ; suif brut ou ouvré ; cire ouvrée ; chocolat ; coton en laine, coton filé n. 60 ou au-dessous ; habillemens tout faits en coton ; courtes-pointes, rideaux, linge de table et de lit confectionné en coton; schals de coton ou *panos de reboso*; galon blanc ou de couleur; matelas, garnitures de lit, cordons, etc.; sacs de toile de coton; habillemens confectionnés en laine ou crin; tapis de table; pélerines, draps communs 2ᵉ et 3ᵉ qualités, manteaux; habillemens confectionnés en soie; broderies et dentelles; étoffes à jour de métal pur ou mélangées avec du métal; peaux et fourrures communes en poil, tannées ou non tannées et préparées; peaux fines de toute espèce en poil tannées ou préparées, etc.; courroies en cuir; cuir pour empeignes ou semelles; peaux de chamois de toutes couleurs; souliers et bottes, culottes de peau; claques, selles, brides et harnais, portemanteaux, parchemin, chapeaux et bonnets de cuir; ouvrages en terre, vases vernissés ou non, briques et tuiles, faïence commune vernissée, imprimée ou non; jarres neuves ou vieilles de toute espèce et dimension; métaux, cuivre en saumons ou en feuilles, plomb en saumons ou à giboyer; or et argent ouvrés; épaulettes de toutes sortes et broderies en or ou en argent.

Marchandises exemptes de droits.

Mercure; instrumens pour les sciences et la chirurgie, machines pour les arts et les mines; livres autres que ceux contraires à la religion et aux lois de l'état, cahiers ou feuilles contenant des principes de peinture, de sculpture, d'architecture, de modèles ou dessins servant pour l'enseignement, musique écrite ou gravée; semences de plantes exotiques, chiffons, voitures à deux et à quatre roues, de nouvelle invention ou supérieures à celles connues au Mexique, douves de tous bois et de toutes grandeurs pour tonnellerie, séchées ou non séchées; navires et toute espèce d'embarcations destinées à être naturalisées ou vendues, aiguilles aimantées; terre non ouvrée, cuivre ouvré en ustensiles pour moulins à sucre ou pour machines de toutes sortes servant aux fabriques.

Marchandises tarifiées.—Quotité des droits.

Les articles non compris dans les prohibitions et exemptions précédentes paient, sauf les exceptions ci-après :
Pour le trésor public . . 20 p. o/o
Pour le consulado . 1 1/2 p. o/o
Droit additionnel pour les importations
  par la province de la Vera-Cruz . 1/2 p. o/o
Ces droits sont réduits de 5 p. o/o en faveur, 1° des impor-

tations sous pavillon mexicain ; 2° des importations directes d'Europe ; 3° des importations des États-Unis.

Bases de la perception des droits.

Les droits se perçoivent d'après le tarif d'évaluation ci-
joint, pour toutes les marchandises qui y sont dénommées.
Pour la mercerie, la quincaillerie, les drogues, les herbes,
racines, graines et autres espèces médicinales et de teinture,
on calcule les droits sur les prix de facture, et dans le cas
où il serait reconnu que ces prix ont été diminués de plus
de 25 p. o/o sur les factures, la perception se fera d'après
la valeur réelle augmentée de 50 p. o/o.

Crédits.

Il est accordé un crédit de 8 mois pour le paiement des
droits, lesquels doivent être acquittés, savoir : la première
moitié dans les 4 premiers mois et la 2e dans les 4 derniers.
Pour être admis à jouir du crédit, il faut être cautionné
par des citoyens du Mexique connus et dignes de foi, agréés
par l'administrateur et le receveur des douanes. Si le capitaine ou propriétaire des marchandises ne peut pas fournir
cette caution, il est tenu de laisser dans les magasins de la
douane une quantité d'objets suffisante pour que le produit
de leur vente effectuée à l'expiration des 8 mois, en cas de
non paiement des droits, puisse servir à les acquitter.

Sortie.

Le capitaine qui veut prendre un chargement pour un
port étranger, doit présenter à la douane une demande in-
diquant son nom, celui du navire, le tonnage et le lieu de
destination ; et aussitôt il est placé à bord un nombre de
préposés suffisant pour surveiller l'embarquement.

Déclaration.

Le négociant, après avoir remis une déclaration des colis,
énonçant leur contenu, la qualité et la quantité des marchandises, le nom du navire, celui du capitaine et le lieu
de destination, reçoit un permis d'embarquement relatant
aussi le nombre des colis, la qualité, etc.
Une copie du permis est transmise au visiteur qui inscrit
en regard de chaque article les droits du tarif d'exportation.
Lorsque l'acquittement des droits a eu lieu, la visite est
faite, et si le résultat est conforme à la déclaration, le capitaine reçoit sa feuille d'expédition ; si au contraire on cons-

..tate des excédans sur les quantités déclarées, ces excédans subissent la confiscation.

Droits de sortie.

Or	{	monnayé	2	p. o/o
		ouvré	1 1/2	p. o/o
		en lingots	3	p. o/o
Argent	{	monnayé	5 1/2	p. o/o
		ouvré	2	p. o/o
		en lingots	5 1/2	p. o/o
Cochenille			6	p. o/o
Vanille			10	p. o/o
Bétail			1	piast. p. tête

Exemptions.

Sont exempts de droits à la sortie du Mexique tous les articles non compris dans la liste ci-dessus.

Cabotage.

Le cabotage est réservé aux bâtimens mexicains.

Taux d'évaluation fixés pour la perception des droits.

PREMIÈRE CLASSE.

Comestibles, vins, liqueurs, fer, acier, et quelques autres objets qui, par leur analogie, ont été compris dans cette classe.

Acier de toutes qualités	l'arrobe	24 rx.
Amandes douces et amères sans coques	»	32
———————avec coques	»	16
Amidon	»	32
Anchois (voyez sardines)	»	»
Avelines	»	16
Bière en bouteilles	la douz.	48
Cacao de Guayaquil et Tabasco	l'arrobe	24
———de toutes autres qualités	»	48
Café de toutes qualités	»	48
Cannelle fine	la livre	12
Câpres préparées ou en saumure	l'arrobe	16
Carvi, anis et cumins communs	»	25
Cidre en bouteilles	la douz.	48
Cire en marquette de toutes qualités	l'arrobe	128
———ouvrée	»	prohibée

Cire de Campêche.	l'arrobe	32 rx.
Clous de girofle.	la livre	12
Congre salé (voyez saumon).	»	»
Cumins communs (voyez carvi).	»	»
Eau de senteur, de la reine, des carmes, de lavande et autres essences d'herbes, fleurs et bois, en flacons, bouteilles ou barils.	l'arrobe	64
Eau-de-vie de vin.	»	32
———— autre que de vin.	»	64
———— composée comme rossolis, tafia, mistelles, marasquins, etc.	»	96
Ecorce de quinquina.	la livre	16
Fleur d'arbre de cannelle.	l'arrobe	12
Fer de toutes qualités et brut.	le quint.	48
Fromage.	l'arrobe	25
Gouttes amères (voyez eau de senteur).	»	»
Huile à manger, en barils, jarres, outres, flacons, etc., y compris le droit des vases et barils.	»	32
———— d'amandes roses et de sapin. . . .	»	12
Morue sans distinction d'espèce, y compris les intestins et dépouilles. . . .	»	48
Noix muscades.	la livre	8
Olives préparées et en saumure, y compris les droits des vases.	l'arrobe	12
Pain de figues.	»	12
Pâtes de vermicelle, etc.	»	16
Pignons communs en coques.	»	8
Poivre fin.	»	48
Prunes sèches.	»	12
Raisins secs.	»	16
Rossolis (voyez eau-de-vie composée). .	»	»
Rum.	»	64
Safran sec et grillé, dans l'huile.	la livre	72
Sardines, anchois, harengs saurs, salés et marinés.	l'arrobe	24
Saucissons, langues fourrées, et tous autres objets de ce genre.	»	48
Saumon et congre, salé ou mariné. . .	»	24
Sel commun.	»	4
Semoule (voyez pâtes).	»	»
Sucre moscovade et doré, tiercé ou bl.	»	24
Thé.	la livre	16
Thon salé et mariné.	l'arrobe	24

Vermicelle (voyez pâte). . . . . »   » 1X.
Vesces. . . . . »   . . 8
Vin en barils et en outres. . . . . » .   . 24
Vinaigre. . . . . » . . . 16

DEUXIÈME CLASSE.

Tissus de lin et de chanvre.

Allemanettes (voyez estoupilles) . . . . »   »
Angoulême (voyez toiles écrues).. . . . . . »   »
Arabiques (toiles). . . . . la vare   25
Aroca (voyez Brabants). . . . . »   »
Barallo (voyez toiles de ménage).. . . . . »   »
Batanana (voyez toiles écrues). . . . . . . »   »
Batistes (voyez hollandes). . . . . »   »
Boncassin ou bouracan, toile gommée
    ordinaire, d'une varre et au-dessous.. . »   2
Bas de fil et chaussons. . . . . les 12 p.   36
Bocadillos (voyez platilles). . . . . »   »
Brabant et petit Brabant écru (voyez
    toile écrue. . . . . »   »
Brabant floret ou rond, petit Brabant,
    toiles de ménage, retortes, *arocas*,
    grand vrai ou imité, *chavari* ou toiles
    de Gênes, cretonnes, grenobles façon
    de toile de ménage, *prosillas* et toiles
    du soleil, blancs ordinaires, entrefins
    et fins de toute origine, de 1 1/4 à 2
    vares. . . . . la vare   6
Brabant, les mêmes jusqu'à 1 1/4 vare,   »   4
——————————————— au-delà de 2 vares.   »   8
Bredal (voyez toiles de ménage). . . . . . »   »
Bretagnes légitimes et contrefaites, or-
    dinaires, entrefines et fines de toute
    origine, jusqu'à 1 vare. . . . . »   5
Id. avec trame de coton, des mêmes
    qualités que les précédentes, jusqu'à
    1 vare. . . . . »   5
Brin (toile de). . . . . »   3
Cabellines blancs et écrus (voyez toiles
    écrues et platilles blanches). . . . . . »   »
Calemande (voyez cotonnade rayée). . . »   »
Cambrai, clairon de fil, linon imité,
    toiles de Cambrai unies ou façonnées
    ordinaires, entrefines, fines et super-
    fines, y compris les mouchoirs et ta-

bliers dessinés au métier, jusqu'à 1
1/3 vare. . . . . 10 rx.
Camisoles. évaluation
Chemises. id.
Chemisettes. . . . . id.
Cholet plombé (voyez treillis plombés). . id.
———— blanc imitant le *Pontivi* (voyez
    platilles). . . . .
Chanvre brut, tillé ou peigné ou non. . . . évaluation
Chaussons (voyez bas de fil). . . . .
Colettes (voyez créguelles). . . . .
Cordages de lin, chanvre et étoupe goudronnés de toute espèce et non en
 blanc. . . . . le quint. 96
Cotonnades rayées, cornes ou calemande
   ordin. entrefine et fine,
   jusqu'à 1 vare. . . . . . . la vare 3
——————— de fil mélangées de coton
   de toutes qualités et façons, jusqu'à 1 vare de
   large. 5
Courtrai écrue (voyez toile écrue). . . .
——————blanche, Troyes, Laval ou
  rayée et Senlis blanche de toutes qualités, jusqu'à 1 vare. . . . 3
Coutances (toiles de) ordinaires, communes, entrefines, fines et superfines,
 jusqu'à 1 vare de large. 4
Coutil, *colanco* ou *brédal*, grifetillas, lu-
   das, ou tolmesas en
   couleur ou blanc, or-
   dinaires, entrefines et
   fines, jusqu'à 1 vare. . 5
——————————— de 1 à 1 1/2 vare. . . . 6
——————————— de 1 1/2 à 2 vares. . . . 8
Creas légitimes et contrefaites, y compris celles à trame de coton, jusqu'à
 1 vare. 2
Créguelles, colettes et toile à la rose de
 toutes espèces, blanches jusqu'à 3/4
 et demi. . . . . la vare 1 6/8
Cretones de toutes espèces (v. Brabant).
Crudillos (voyez toile écrue.). . . . .
Dentelles de fil de toutes classes . . . . évaluation
Enrolladillos (voy. toile de ménage.). . .
Essuie-mains de fil seul de 1 1/3 vare. la douz. 48

Estoupilles, clairons, hollandes unies et façonnées jusqu'à un vare. . . . . la vare		6 rx.
Id. Id. Id. de 1 à 1/3 vare.	»	8
Etoupes (toile d') (v. toile écrue.) . . .	»	»
Fil tordu de toute espéce. . . . . la liv.		16
———— de Brabant ou carret . . . . l'arrobe		64
Filasse écrue ou fil non tordu. . . . . . la livre		4
———— blanche.	»	6
Galons de fil. . . . . la vare		évaluation
Gambrano écru (v. toile écrue.).	»	»
———— blanc (v. toile de ménage.) . .	»	»
Gand écru ou plombée (v. toile écrue.) .	»	»
Gazes de clairon ou marli (v. Cambrai.)	»	»
Ginga écru et plombé (v. toile écrue.)	»	»
Grenoble (voyez Brabant.)	»	»
Grisettes avec mélange de soie (v. grisette et mignonette à tissus de soie.)	»	»
————de fil de coul. , *alequi* , *ludas* ou *tolmesas* (v. coutil.) .	»	»
Hollande de clairon (v. Camb. clairon.)	»	»
———— petite (v. platilles.)	»	»
———— ou batiste de toutes qualités y compris les mouchoirs qui sont dessinés jusqu'à 1 vare la vare		16
———— ou toile façon de Hollande et royales de toutes qualités jusqu'à 1 1/8 vare de large.	»	8
Laval légitime et contrefaite (voyez Courtrai.)	»	»
Lin brut peigné ou non.	»	exempt.
Linon (voyez Cambrai).	»	»
Linge de corps.	»	évaluation
Lombardia de couleur (v. coutil) . . .	»	»
Ludas (v. coutil.)	»	»
Lustrines (v. platilles.)	»	»
Manufazul (voyez toiles et treillis). . .	»	»
Marli (voyez Cambrai clairon).	»	»
Ménage (toile de) (voyez Brabant). . .	»	»
Morlaix écru (voyez toile écrue)	»	»
———— blanche et teinté de toutes qualités jusqu'à 1 vare.	»	2
Mouchoirs en fil seul , de toutes qual. et couleurs, jusqu'à 1 vare. . la douz.		7¾
———— de Béarn ou imités d'autres fabriques, avec mélange		

de coton dans les bandes,
    jusqu'à 1 vare. . . . . »   36 rx.
Mouchoirs purement d'herbe. . . . . »   36
Nappes écrues et blanches unies de toute façon,
  ordinaires , communes , entrefines et fines
  sans coton , jusqu'à 1 vare . . . . . la pièce   4
— les mêmes qualités de 1 à 2 vares. . . . . id.   8
— id. de 2 à 3 vares. . . . . la vare   16
— id. de 3 à 4 dito . . . . id.   32
— damassés ordinaires, entrefines et fines sans
  coton , jusqu'à 1 vare. . . . . la pièce   4
— damassées ou de toute espèce , de 1 à
  2 vares. . . . . la vare   8
— id. id. de 2 à 3 dito. . . . . id.   16
— id. id. de 3 à 4 dito. . . . . id.   32
Platilles écrues (voyez toile écrue).
— *bocadillos* ou *cabellines*, *Pontivy*, *Chôlet*, 16e,
  18e, 20e et 24e, lustrines, petites hollandes,
  zangalotes, *onzilanès*, de lin, blanches et
  teintes et de toutes qualités, jusqu'à 1
  vare . . . . la vare   2
Pontivi écru (voyez toile écrue.).
— blanc ou teint (voyez platilles).
Présilles écrues (voyez toile écrue).
— blanches (voyez Brabant.).
Romaines (voyez toile de ménage).
Royale (toile) d'une vare (v. Courtrai).
— de 1 1/8 vare (voyez Hollande).
Rouen (toile de) blanche et teinte de toutes qua-
  lités jusqu'à 1 1/4 vare, y compris celles à
  trames de coton. . . . . la vare   2
Rouanette, Rouen écrue et plomb. (v. toile écr.)
Rubans de toutes couleurs et largeurs. . la livre   16
Sangalas et *Sangaletes* (voyez platilles).
St-Georges écru connu sous le nom de Vitri et
  Hala (voyez toile écrue).
Serviettes écrues et blanches de toutes façons et
  qualités, sans coton . . . . la douzaine   36
— damassées , id. id. . . . . id.   48
Tissus de toute espèce avec mélange de faux
  métaux . . . . évaluation
Toile de chanvre (voyez toile écrue).
— de ménage, cardinales, de Lille, *enroliadil-*
  los, romaines, linettes, doradille ou *baratto*,
  osuna, *rabete*, *ranis*, *gambano*, dauphine ,

Westphalie, toile de St-Jean ou de l'empire et autres plus communes blanches, jusqu'à 1 vare. . . . . la vare   2 rx.
— de ménage blanche, chavari ou toile de Gênes (voyez Brabant).
Toile écrue (voyez ce mot).
— d'étoupes bleue (voyez treillis).
— de Gênes (voyez Brabant).
— blanche ordinaire (voyez toile de ménage).
— id. de Portugal (voyez Brabant).
Toile blanche de Westphalie (v. toile de ménage).
— la rose (voyez créguelles).
— du soleil (voyez Brabant).
— façon d'Hollande (voyez Hollande).
— blanche d'Irlande. . . . . la vare   6
— de ménage (voyez Brabant)
— 16e, 18e, 20e et 24e (voyez platilles).
— de lin, chanvre et étoupe telles que d'Angoulème, arpilière, *bcatana*, etc. . . . la vare   4
— de Présille, Brabant et petit Brabant, *cacias*, platilles écrues, *caballines*, Courtrai, Gand, Morlaix, rouanette, *ginga*, *asuna*, *rabeto*, *ranis Gambrano*, Saint-George, Westphalie, de St-Jean ou de l'empire, etc., la v.   2
— peinte ordinaire.   3
— de treillis, de tissu plein, rayé, nuancé, Cholet, arabique, *manufazut*, jusqu'à 1 v., la v.   2
— de Lille (voyez toile de ménage).
— linette (voyez toile de ménage).
— à voile sans coton, jusqu'à 3/4 de vare. . dº   3
— id. id. . . . . de 3/4 à 1 1/3 v. . dº   5
— cirée ou gommée, jusqu'à 1 1/2 vare. . . dº   4
Treillis (voyez toile).
Troyes (voyez Courtrai).
Tolmesas (voyez coutil).
Vêtemens. . . . . évaluation
Westphalie écrue (voyez toile écrue).
— blanche (voyez toile de ménage).
Zagalejos, espèce de vêtement. . . . . évaluation
   Nota. — Les tissus dont les largeurs excèdent celles indiquées au tarif paieront le droit proportionnel à leur largeur.

TROISIÈME CLASSE.

Laine brute, tissue ou manufacturée, pelote, crin, soies de porc, plumes, cheveux, et poils d'animaux.

Alepins de 1 1/4 à 1 1/3 de large. . . . . . . la vare   8 rx.

Amiens (étoffe d') *Montfort*, prunelle, perpétuelle perdurable, duraspe, rompe coches, fileile, perpétuelle et éternelle, de toutes qual. et coul., la v.   5

Anachostes ou *oubiques*, jusqu'à 1 1/4 vare, la v.   6

Arlequines (voyez calemandes).

Arretin ou *filipichin* de toutes qual., jusq. 1 1/5 d°.   5

Bas de laine ou poil. . . , ... la douzaine   48

Basquines (vêtement de femme) faits . . . . évaluation

Bayette, *fajuela*, de *miliquin*, de *Alconchel*, de pellon, de *cubillana*, façon de Ségovie, y compris les deux frises, de toutes couleurs et travail, jusqu'à 2 vares. . . . . la vare   6

Bouracan, ou *esparragona*, ou *penasquillo* uni, nuancé, de toutes couleurs et qualités, la vare   5

Bretelles . . . . la douzaine   16

Burat, *belillo*, étamines rayées d'Amiens et du Mans, quinettes ou flanelles ordinaires et fines jusqu'à 2/3 vare. . . . . la vare   4

idem idem idem de 2/3 vare à 1 vare, id.   5

Calemande, damas et *saetin*, arlequines, *batavias*, diamantillas, *floretas*, grisettes, *ladinas*, tabaretes, recetes, brocates, *lapizon* et calamandre, de toutes couleurs, qualités et travail, jusqu'à 7/8 de large . . . . la vare   4

— en laine avec fleurs en soie (voyez tissus de soie . . . .

Camelot, *camellon*, petit camelot et principela, de toutes couleurs, jusqu'à 3/4 . . . . . la vare   4

— mélangé de soie   idem   6

— de poil d'angora et autres avec mélange de soie, jusqu'à 3/4 . . . . la vare   8

Camelotille (voyez lamparilla

Camellon, carreau d'or de poil fin de toutes qualités et couleurs, jusqu'à 7/8 de vare, la vare   6

Casimir, droguet, *pagnete* ou demi-drap de cordonnet ou croiset, castor et petit castor, et espagnolette ou castorine de toutes qualités et couleurs, jusqu'à 7/8 vare . . . . la vare   12

— mélangé de soie   idem . . . . idem   16

Cassinette noire (voyez serge).

Catalufas, taffetas commun ou *tripo* et tapis de
toutes qualités et couleurs, jusqu'à 3/4 de
vare . . . . la vare . 16 rx.

Châlons (voyez serge). . . . .

Chapeaux de toute espèce . . . . la pièce . 24 . .

Colliers en poil ou cheveux de toutes qualités. . évaluation

Cordons en tous genres et à tous usages. . . . . . évaluation

Cordonnet (voyez fil tordu).

Coupons de points à l'aiguille ou au métier, chaq. . 12

Courtes-pointes, couvertures de lit. . . . . évaluation

Crêpon ou crêpe. . . . . la vare 4 . .

Cristal ou tamis , durois et *durancillos.* 4

Cubica (voyez anachostes).

Damas (voyez calemande).

Diamantines (idem).

Draps de 1re, 2e et 3e clas. , jusqu'à 1 3/4 v., la v. . 40 .

— et demi-draps, pagnetes, royal et droguet
drapé, jusqu'à 1 vare. . . . . la vare 16

— de demi-castor et vigogne, jusqu'à 1 3/4
vare. . . . . la vare 64

— Panette, id. id. jusqu'à 1 vare. . . . . . idem 32,

Droguet (voyez calemande).

— de cordonnet (voyez casimir).

— drapé de toutes qualités, couleurs et largeurs
(voyez draps). . . .

— franciscain ou étamine (voyez serge).

Durois et Durancillos (voyez cristal).

Ecarlate (drap d') de toute esp. 1 vare. la vare 4

Espagnolette ou castorine (voyez casimir).

Etamine (voy. serge).

— d'Amiens et du Mans (voy. burat).

— imprimés et de couleur (voy. séraphines).

Estame en poil. . . . . la livre. . 4

— Filée. . . . . idem 42

Externas (voyez Amiens).

Fileile ou *perpetuela* (voyez Amiens).

Filipichin (voyez arretin).

Fleuret (voyez calemande).

Flanelle de laine unie jusqu'à 1 1/4 vare, la vare. . 6

— mélangée de fil (voyez grisette).

— imprimée de couleur (voyez séraphines).

— rayée en couleur. . . . . la vare. 6

Gandayas (voyez séraphines).

Granille de laine (voyez écarlate).

Grisette de laine (voyez calemande).

Grisette et flanelle mélang. de fil jusq. 1 v. la vare   6 rx.
— Id.   id.   de soie   id.   id.   8
Ladinas (voyez calemandes).
Lamparilla, picotes, petit camelot, principelilla
    jusqu'à 2/3. . . . . la vare   4
Monfort (voyez Amiens).
Molletons ordinaires drapés et ratinés de toutes
    qualités, couleurs et travail, jusqu'à 2 v. la v.   16
Pañete ou demi-drap (voyez casimir).
Panne de laine et poil (voyez tripe).
— petite de laine (idem).
Perpetuela (voyez Amiens).
— mélangée de soie (voyez alepine).
Points (voyez toiles de points).
Prunelle (voyez Amiens).
Quincttes (voyez burat).
Rideaux. . . . . la pièce   évaluation
Rasillos (voyez serge).
Rompecoches (voyez Amiens).
Rosettes (voyez calemande).
Royal (voyez drap).
Sactin (voyez calemande).
Sayall ou bugle de poil comm. jusqu'à 1 v. la v.   5
Sempiternas jusqu'à 1 vare. . . . . id.   5
Séraphines, étamines, *gandayas*, etc. jusqu'à
    1 1/4 vare. . . . . la vare. .   6
Serges de toutes espèces jusqu'à 1 1/4 vare. id.   4
— *Catincte*, *Cubrica*, petite bugle, petit droguet
    non pressé et étamines, etc., jusq. 1 1/4 v. la v.   6
Serge et petite serge comm. jusqu'à 7/8 v. . id.   4
— de Nîmes, de Rome, étrang. (voy. Amiens).
Surtouts . . . . évaluation
Sowardason rayé (voyez molleton).
Tabaretes (voyez calemande). . . . .
Tissus avec mélange de faux métaux. . . . . . . évaluation
Toile de points. . . . . la vare   7
Tapis faits de toute qualités. . . . . évaluation
Tentures en tous genres . . . . id.
Tripes et pannes de toutes qualités jusqu'à
    2/3. . . . . la vare   6
Velillo et Tamis (voyez cristal).
— imitant le burat (voyez burat).
Gagalejas (vêtement) . . . . évaluation

QUATRIÈME CLASSE.

Soie brute et manufacturée avec mélange de laine et métaux.

Bas de soie de toutes couleurs, grand. et qual.
          la douzaine 200 rx.

— de fleuret, bourre de soie, filoselle et demi-
soie .... id. 80.

Blondes grandes et petites (voyez dentelles),

Brocard ou broché, tissu, demi-tissu, damas,
grisettes, lustrine, *restano*, glacé, *lama*, *her-
mosilla*, taffetas, champ d'or et argent) on
fond uni, glacé, etc., jusqu'à 2/3 avec fleurs
brodées et nuancées au métier . ... la vare 24

Brocard ou broché de soie seule, ou tapisserie
avec fleurs glacées, brod., etc. jusq. 2/3 id. 12

— et burat et *espumillas* .... id. 8

Calemandes et lamparilles de laine mélangée de
soie .... 6.

Ceintures de soie avec franges et pointes ... . évaluation

— de velours nuancées au métier .... la liv. 150 rx.

— de soie id. .... id. 120

— avec mélange de faux métaux .... id. 128

— imprimées ou peintes de toutes qualités. id. 128

Chasubles .... évaluation

Crêpon (voyez gaze).

Damas ordinaire de toutes couleurs avec mélange de fils ou brins de soie, ou fleuret, de
2/3 de large .... la vare 12

— avec fleurs brochées (voyez brocard).....

— id. de métal (id.)

Dentelles et pointes d'or et arg. ou blondes mélangées de même de toutes espèces, largeurs
et valeurs....................... la livre 400

— et blondes de soie seule ou avec mélange de
métaux. .... id. 256

Drap de soie (voyez tissus).

Droguet (id.)

Espolin (voyez taffetas).

Estamine (voyez serge).

Fichus ou nymphes de toute coul. jusq. 3/4 la vare 4

Gants et mitaines .... la douzaine 65

Galons, dentelles, pet. points, blondes de métal,
seul ou avec mélange de métal, de paillettes,
de cannetille, au métier.................. prohibés

Garnitures ou rubans bariolés ou nuancés, n. 15
   à 60. . . . . la livre.   64 rx.
Gazes de toutes qualités et points de blondes
   jusqu'à 5/4. . . . . la vare.   12
— et *velillo* de soie mélangé de métaux brodés
     ou non, de 2/3. . . . . la vare.   32
— rayées ou à bandes avec fleurs détachées
     brodées ou non. . . . . la vare.   24
Galons de soie seule. . . . . prohibés
Gros de Tours (voyez tissus de soie).
— de Naples (idem).
Gorgoran   (idem).
Grisette   (idem).
— mélangée de métaux (voyez brocard).
Hermosille (v. tissus de soie).
— mélangée de métaux (voyez brocard).
Impérial . . . . . . (idem).
Lama mélangée de métaux (idem).
Lamparille (voyez calemande).
Londrina (voyez grisette). . . . .
Lustrine (voyez tissus).
Mascadas (voyez mouchoirs).
Mignonnette (voyez grisette).
Mouchoirs unis , travaillés, imprimés ou peints,
     jusqu'à 5/4 de large. . . . . . . la douzaine   16
— idem , idem , jusqu'à 1 vare. . . . . . . idem   8
— idem , idem , 3/4. . . . . idem   6
— idem , idem , 6/4. . . . . idem   16
— idem , idem , 2 vares. . . . . idem   48
— de fleuret , bourre de soie et filoselle , jusqu'à
     1 vare. . . . . la douzaine   4
— idem, idem , 1 1/2 vare. . . . . idem   8
— idem , idem , 2 vares. . . . . idem   32
Nobleza (voyez tissus de soie).
Ormesi ou cramoisi (idem).
Ornemens d'église . . . . évaluation
Prusiana (voyez tissus).
Bestano (voyez brocard).
Rizo ou ras (voyez velours).
Robes et jupons de toutes couleurs. . . la vare   2
Rubans de soie de toutes couleurs et largeurs,
   nuancés au métier. . . . . la livre 120
Satins, petits satins, satinades, *catalufa* ou *pi-*
   cotes, mélangés de fil, fleuret ou filoselle , de
   toutes qualités ou couleurs, excepté ceux bro-
   dés à la main, jusqu'à 2/3. . . . . . . la vare 10

Satins idem , de 1/3 à 1 vare. . . . . .idem   12 rx.
— mélangés de métaux jusqu'à 2/3. . . .idem   24
— idem , idem , jusqu'à 1 vare. . . . . . . .idem   32
Satinades (voyez satins)
Serges simples jusqu'à 2/3. . . . . .idem   6
Serges doublés jusqu'à 5/4. . . . . la vare   12
— rayées et nuancées , brodées ou non au métier
    ou à la main (voyez tissus).
Soie écrue et brute de toute sortes . . . . la liv.   40
— ou fil de soie d'un ou plusieurs bouts. . idem   80
— *floxa* à broder et faire des bas . . . . . . idem   56
— tordue de toutes couleurs. . . . . idem   56
Surtouts . . . . la pièce   32
Taffetas uni et travaillé simple jusqu'à 2/5 de
    large. . . . . la vare   4
— double ou doublette dito. . . . . idem   5
— de Chine ou Batavia   8
— rayé, ondé, de couleur changeante ou impri-
    mée jusqu'à 2/3 . . . . idem   10
— dito dito dito , 1 vare . . . . idem   12
— broché avec métaux (voyez brocard).
— gommé ou taffetas anglais . . . . évaluation
Tissus de soie seule , comme gorgoran , *teleton* ,
    lévantine , *mélania* , gros de Tours, de Naples,
    nobleza , drap de soie , grisette , portugaise ,
    lustrine , droguet , hermosille , *prusiana* impé-
    riale et moire jusqu'à 2/3. . . . . la vare   8
— seule avec fleurs nuancées ou brodées dito id.   12
— avec mélange de métaux , velours , velours
    ras , panne rase , nuancés et avec bande d° d°   24
— avec mélange d'or et d'argent (voy. brocard).
Tapalos (voyez surtouts).
Velours et panne coupée ou rase , des mêmes es-
    pèce ou classe que les tissus ci - dessus et avec
    mélange de métaux et fleurs au métier , jus-
    qu'à 2/3. . . . . la vare.   24
Nota. — Les tissus dont les largeurs excèdent
celles indiquées au tarif, paicront le droit proportionnel à leur largeur.

CINQUIÈME CLASSE.

Coton et tissus de coton.

Alemanisco anglais. . . . . la vare   3
Arabias de 7/8 à une vare. . . . . idem   1

Bas unis pour hommes . . . . la douzaine 48 rx.
— pour femmes . . . . id. 48
Borlon blanc ou basin à petites raies. . . . la vare 3
Bretagnes de 7 yards. . . . . la pièce 12
— de 7/8 de vare. . . . . la vare 5
Calicots rayés et à carreaux, jusqu'à 1 vare . id. 5
Cambrai unis, rayés et travaillés, la pièce de
    7 yards . . . . la pièce 40
Caarranclanes des Indes de 15 yards. . . . . id. 64
— étroites anglaises dito. . . . . id. 40
Schals de cachemire. . . . . chaque 24
Coco et *coquillo* blanc (percale) de 12 yards, la p. 48
— de couleur. . . . . id. 48
Coton en laine. . . . . prohibé.
— filé n° 60 ou dans lequel il n'entre pas moins
    de 60 echevaux par livre. . . . . prohibé.
Cotonnade unie et rayée (voyez barlon).
Coutil large de 7/8. . . . . la vare 4
Dentelles de toutes largeurs, classes, espèces et
    couleurs. . . . . idem 2
Estoupilles anglaises de 7 yards . . . . . . la p. 23
Fil de couleur pour broder. . . . . la livre 24
— de coton n° 20 et audessus. . . . . idem 24
Gants et mitaines. . . . . la douzaine 24
Guinées bleues. . . . . la vare 3
— blanches. . . . . idem 3
Hollandes de 4, 6 et 12 yards. . . . . idem 8
— de couleur de 18 yards. . . . . idem 8
Irlande (toiles d') de 25 yards. . . . . idem 5
Inmanes (voyez platilles et sarampues) . . . »
Libretes de 12 et 13 yards. . . . . la pièce 24
Listados ou rayés de 35 yards. . . . . la vare 3
Loo ou *rengue*. . . . . id. 5
Mouchoirs unis de mousseline. . . . . la douzaine 32
— de batiste . . . . id. 42
— de Madras. . . . . id. 30
— *Paliacates*. . . . . id. 30
— *Guilla* et *Romales*. . . . . id. 30
Mousseline rayée, unie et travaillée de toute es-
    pèce jusqu'à une vare . . . . la vare 3
— de plus d'une vare jusqu'à 2 vares de large
    sans métaux. . . . . la vare 4
— de l'Inde blanche de 20 yards de long jusqu'à
    une vare de large. . . . . la vare 3
— jusqu'à 2 vares de large. . . . . id. 4
— de couleur. . . . . id. 8

Nankin anglais de couleur. . . . . la vare.   2 rx.
— des Indes large. . . . . id.   12
— idem , étroit. . . . . id.   8
— blanc large. . - . . . . id.   12
— idem étroit. . . . . id.   8
Olamatos de Chine de 8 yards . . . . id.   3
Percale (voyez *coco*).
Piqué ou basin piqné, blanc . . . . la vare   6
— idem de couleur. . . . . id.   6
Platilles de 32 yards. . . . . id.   3
Rubans blancs et de couleur. . . . . prohibés.
Sarampúes, casas-londas, mamodies, sanas, en-
     certis, etc., jusqu'à une vare . . . . . la vare   4
— idem, idem jusqu'à 1 3/4 vare. . . . . . . id.   5
Tapalos, surtouts, *pánolones* de 5/4 à 7/4, la douz.   192
Pannes, petites pannes et *trensapalos*. . la vare   6
Toiles teintes communes de 3/4 et 1/16 de vare
     de large. . . . . la vare   2
— couleurs fines et solides de 7/8 de vare à 1
     vare de large. . . . . la vare   5
— couleurs communes de 9/8 de vare. . . idem   5
—   id. fines et sol. de 9/8 de v. à 1 v. 1/4 id.   7

SIXIÈME CLASSE.

Papier de toutes qualités.

Almanachs nautiques, tables de logarithmes, et
     toutes espèces de plans et tables de navigation,
     excepté les cartes géograph. . . par facture ou évaluation
Cartes marines (voyez almanachs).
Cartes de visite assorties de toutes grandeurs et
     qualités. . . . . le 100   32
Cartes ou cartisannes.. . . . . la douzaine   8
Carton en pâte ou papier cartonné. . . l'arrobe   8
Cartons non polis de toutes grandeurs. . la douz.   4
— ou papiers découpés.. . . . . idem   8
Dessins (voyez estampes).
Estampes, cartes géographiques, dessins et paysa-
     ges, y compris celles sur peau de veau de tou-
     tes grandeurs. . . . . par facture ou évaluation
Gravures et cadres avec baguettes et verres de
     toutes grandeurs. . . . . la pièce   16
Livres en blanc, reliés ou non, jusqu'à in-4°. . . évaluation
—   id.   id.   id.   in-folio.. évaluation
Modèles (voyez estampes).

Paysages pour éventails.. . . . . évaluation
Papier brouillard, la rame de 500 feuil. . la rame 4 rx.
— blanc petit format ou commun, la r. de 500 f., 28
— petit et grand de tout format. . . . . la rame évaluation
— rogné de toutes qualités, en comptant deux
   feuilles pour une grande. . . . . . la rame 28
— dit de soie. . . . . idem 12
— peint, imprimé, argenté ou doré. . . . idem 64
— petit format pour copier de la musique, la
   rame de 500 feuilles. . . . . la rame 80
— pour dessins à broder. . . . . évaluation
— nommé d'impression ou fleuret. . . la rame 28
— semblable ou papier brouillard, mais très
   gros, pour enveloppe. . . . . . . la rame 8
Plans de navigation (voyez almanachs).
Papier imprimé, ou velouté pour appartemens,
   jusqu'à 1 vare de large. . . . . la vare 6
Tables de logarithmes (voyez almanachs).

Cuirs et peaux communes en poil, tannés ou non tannés; pel-
leteries fines de toutes sortes en poil, apprêtées et tannées.

Peaux apprêtées de *venado* et de bouc, de toutes
   couleurs. la livre 28 rx.
— de veau tannées de toutes sortes et couleurs,
   ne pesant pas plus de 3 livres, y compris les
   maroquins fins de couleur, de castor et de
   chevreau. . . . . chaque 12
Bourses et portefeuilles de toutes sortes, la douz. 56
Peaux de chevreau corroyées fines. . . . . la livre 8
Queues ou pointes détachées d'hermine, le 100 24
Cuirs en poil ou non tannés de gros bétail, de
   buffle, de cheval, de chèvre, de venado, de
   chevreuil, de cerf et autres de bêtes fau-
   ves. . . . . la livre 1/2
Cuirs dorés, imprimés, argentés ou dorés en
   pièces détachées. . . . . la pièce 8
Gants de peau de chevreau, de bufle et autres
   peaux. . . . . la douzaine de paires 64

Meubles en bois.

Armoires à un ou deux corps, de toutes sortes,
   marquetées ou avec garnitures de métal,
   avec ou sans glaces. . . . . chaque 600 rx.
Fauteuils ordinaires en bois, peints ou non peints 16

Bâtons de bois de toute sorte et de toute grandeur, y compris les sarbacanes de palmier, de
bois rond moulé, de baleine, de manati, de
canne fine et commune, avec pommes en os,
écaille, corne ou cacho-bombo, métal doré
ou argenté, et porcelaine ordinaire ou de la
Chine, quelque communs qu'ils soient, chaq.   8 rx.
— avec pommes en or poli, trav. ou émaillé. dito 160
Calèches à deux roues, à un ou deux siéges, neuves ou vieilles.......................... dito 300
Carrosses à quatre roues et à deux, quatre et six
places, neufs ou vieux.............. dito 600
Bureaux en bois, avec ou sans couverture de
drap ou cuir....................... dito 120
Parasols de taffetas de toute grandeur, y compris les cannes à parasol............ dito   48
Chaises en bois avec siége et dossier de sagette
ou bois moulé à jour, peintes, avec ou sans
dorures.. .... dito   24
— avec coussins de poil ou de crin, couverts de
toile de soie...................... dito   48
Siéges pour monter à cheval, d'homme ou de
femme........................... dito 200

Instrumens et machines de toutes espèces et matières.

Bassons en bois uni ou travaillé....... chaque   48
Mandores (luths) de toute grandeur, avec ou sans
marqueterie....................... dito   24
Trompettes de laiton, de pâte ou de carton, avec
leurs accessoires.................... dito   64
Clavecins et forte-pianos, en forme de carré
long............................. chaque 300
— à queue et en buffet................. idem 400
Les mêmes avec une orgue............... idem 500
Flûtes douces et traversières, garnies de métal,
os ou ivoire....................... chaque   32
Globes célestes et terrestres, en bois ou en carton, avec pied de métal ou de bois... chaque   96
Harmonica........................... idem   96
Lanternes magiques grandes et petites.... idem   48
Machines en bois avec verge en métal, pour
faire du vermicelle................. chaque 480
— électriques de toutes grandeurs...... idem 160
— pneumatiques idem................. idem 160
— à imprimer, presses à copier et à graver les
cartes géographiques............ chaque 320

Moulins pour moudre le café et les épices chaque   8 rx.
Optantes . . . . .idem 160
Orgues petites avec cylindre. . . . . .idem   48
— de 3/4 de long et d'un quart 1/2 de haut,
   avec cylindre. . . . , . . . , ...chaque 144
— jusqu'à 1 vare 1/4 de haut avec cylindre. . .id.   200
Horloges et pendules en métal et fer, ordin.,
   avec ou sans boites, y compris celles avec
   réveil. . . . . .chaque 104
— en bois communes, avec rouages de même
   ou de métal. . . . . .chaque   32
Tourne-broche en fer ou métal. . . . . .idem   80
Psaltérions. . . . . idem   96
Télescopes avec pieds en laiton. . . . . .idem 320
Thermomètres. . . . . idem   48
Violes. . . . . idem   48
Violons et violoncelles. . . . . idem   48

Articles manufacturés en cristal, verre, pierres, minéraux,
   porcelaine, faïence et terre, séparés ou en caisses.

Mortiers de cristal, verre, marbre, albâtre ou
   jaspe, avec ou sans leurs pilons. . . . . . .chaque   8 rx.
Lustres petits en cristal, avec pied et chandeliers à deux branches. . . . . .chaque   28
— De plus de deux branches jusqu'à 24 ou plus,
   chaque branche sera estimée 24 réaux. . . .   »
Jais non travaillé. . . . . .la livre   3
— travaillé. . . . . idem   5
Bouteilles, flacons grands et petits en verre ordi-
   naire, contenant jusqu'à 1 azumbre ou 4 quar-
   tillos. . . . . .la douzaine   12
— grandes en verre, de toutes grandeurs, cou-
   vertes ou non en osier ou sparte. . . . . .chaque   12
Branches détachées de cristal, pour *cornucopias*
   et lustres, avec ou sans bouts de métal pour
   tenir les bougies. . . . . .chaque   4
Cornucopias avec une glace jusqu'à 3/4 de large,
   avec ou sans branches à mettre des bougies,
   et avec des baguettes de bois dorées, peintes
   ou non peintes, y compris ceux étamés; les
   mêmes de bois seul, sans aucun de ces accessoires, et de fer-blanc vernissés. . . . . .chaque   24
Miroirs avec glace ronde, ovale ou carrée, jusqu'à 1/4 de haut, doublés en papier, avec ou
   sans étui de même . . . . .la douzaine   12
— avec glace, jusqu'à 1/3 de haut, doublés en

papier ou basane, avec tiroir, servant de toilette, et ceux à cadres de bois vernissés,
peints, étamés ou en verre de couleur, la douz. 48 rx.
— de 1/4, ovales ou ronds, grossissant les objets .10
Boîtes de chagrin cloutées ou non, avec glaces,
jusqu'à 1/4 de haut...............la douzaine 48
— avec glaces, jusqu'à 1/3 de haut, et avec baguettes de bois dorées ou argentées ou non, ou
de cristal étamé, avec ou sans feuillage, y
compris celles couvertes en petites feuilles de
laiton................................chaque 24
— avec glace de plus de 1/3 jusqu'à 1/2 vare de
haut.................................chaque 24
— avec glace, jusqu'à 2/3 de haut..........d° 64
—   idem   idem 3/4 idem..........d° 80
—   idem   idem 2/3 1/2 de haut......d° 128
—   idem   idem 3/4 1/2 idem......d° 176
—   idem   idem 1 vare idem......d° 240
— depuis 1 vare jusqu'à 1 vare 1/4, on ajoutera
au droit précédent 6 réaux par chaque pouce,
en sus de la vare.
— d'une vare 1/4 à une vare 1/2, le droit sera
augmenté de 8 réaux par chaque pouce en sus.
— d'une vare 1/2 à une vare 3/4, 10 réaux par
chaque pouce en sus.
— d'une vare 3/4 à 2 vares et au-dessus, on exi-
gera un droit de 8 réaux par chaque pouce
d'augmentation.
— avec glace rapportée ou en deux morceaux,
les droits d'entrée seront déterminés d'après la
grandeur des morceaux.
Lanternes de verre cristallin d'une pièce, en
forme de canon ou autre, de toutes grandeurs,
avec garniture de métal ou de fer-blanc, y
compris les *guarda brisas*...........chaque 40
Cantines de bois communs peintes ou non, doublées ou non en bayette ou en drap, jusqu'à
1 vare 1/4 de long, avec flacons de verre communs.................................chaque 40
— de bois doublées en bayette ou en papier,
peintes ou non, à un seul corps et de toutes
grandeurs, jusqu'à 1 vare de long, avec flacons et autres pièces de cristal unies ou tail-
lées..................................chaque 64
Cantines à deux ou trois corps avec la même espèce de pièces de toutes grandeurs jusqu'à

plus de 2 vares de long............. chaque 128 rx.
— avec pots en plomb et leurs cuillers pour ta-
    bac ou thé........................ dito   32
— avec pots de porcelaine de la Chine véritable
    ou imitée, pour tabac ou thé......... d°   88
— ou droguiers composés de 3 ou 4 comparti-
    mens, av. pet. flacons de crist. ou d'étain d°   48
Flacons de verre couverts en osier, depuis 1/8
    jusqu'à 1 azumbre..................... d°   3
Globes de verre ou de cristal en deux pièces jus-
    qu'à un peu plus d'une demi-vare de haut..d°   80
Jouets en verre avec matières sulfureuses dans
    l'intérieur........................ la livre 24
Lapis-lazuli faux ordinaire.................d°   24
— véritable........................... l'once   5
Faïence d'Angleterre appelée cailloutage unie
    ou peinte de toute couleur, la douzaine de piè-
    ces de toute espèce et grandeur, la douzaine   16
Porcelaine de la Chine fabriquée en Asie, celle
    imitée en Europe et toute espèce de porcelaine
    de la Chine...................... la pièce   4
Marbre, jaspe et albâtre en carreaux et en ta-
    bles jusqu'à 2/3 en carré............ le 100 160
Marbre en carreaux et en tables de plus de 2/3
    en carré, servant pour tables, pierres tumu-
    laires, etc...................... chaque   12
Verres creux ou de cristal de toutes espèces,
    grandeurs et couleurs, dorés ou non, avec ou
    sans bout de métal, la douzaine de pièces   16
— pour horloges de toute espèce, pour lentilles,
    lunettes, baromètres, thermomètres, re-
    liquaires, etc., la douzaine de pièces   4
— comm. plats pour fenêtres jusqu'à 1/3 de h. d°   6
— plats pour fenêtres cristallin ou de cristal jus-
    qu'à 1/3 de haut................. la douzaine   12
— id. de plus d'un 1/3 à 1/2 vare...... chaque   2
— id. id.   d'un 1/2 vare à 2/3.........d°   4
— id. id.   de 2/3 à 3/4.............d°   8
— id. id.   de 3/4 à 3/4 et demi........d°   15
— id. de 3/4 et demi à 1 vare.........d°   24
    Nota. — Passé une vare, on ajoutera au droit
ci-dessus celui de 3 r. par chaque pouce en sus.

Métaux communs travaillés ou manufacturés.

Balances grandes et petites et balances romaines
    avec leurs poids, de cuivre ou laiton, avec ai-

guille ou axe en fer de toutes grandeurs y compris les pesons avec canons de même, et les au-
tres balances de diverses sortes......... la livre 12 rx.
Boulets , bombes, grenades et balles pour mi-
traille..............................le quintal. 100
Métal à faire les cloches ou bronze travaillé en
mortiers , clochettes et autres pièces... la livre 8
Canons d'artillerie en bronze , de toute espèce
et grandeur.......................le quintal 50
— En fer...............................idem. 8
— De fusil, unis ou plaqués en or et arg. chaque 12
— De fusil à deux coups...................idem. 24
Cuivre travaillé en planches et toute espèce de
batterie de cuisine, etc............... la livre 4
Epées avec poignée ou garniture en fer, acier ou
métal doré et argenté, ou ni doré ni argenté,
avec ou sans fourreaux............... chaque 48
Etain ou mélange de plomb et d'étain ouvré en
plats , bassins et autres articles...... la livre 6
Fusils de munition...................chaque 64
Crics (gatos) en fer.......................idem. 100
Ferremens pour portes, fenêtres et meubles, y
compris les verroux, gonds, charnières, cadenas,
mollettes , serrures avec ou sans clés et autres
pièces de même espèce..............la livre 5
Outils en fer pour charpentiers et autres métiers,
comme haches, herminettes , ciseaux, scies,
burins , marteaux, fers de varlope , rabots ,
vrilles , gouges , vilbrequins, limes, tourne-
vis, etc................................la douzaine 24
Fer travaillé pour balcons et grilles, leviers, pics,
et masses ou gros marteaux; boyaux, rateaux,
pelles, *hijadas*, socs de charrue et autres instrumens aratoires, ancres, grappins et poids
pour peser......................... le quintal 104
— Poêles , grils, brâsiers, cassolettes , marmites,
chocolatières , chaudières, pots, lampes, cou-
perets, batterie de cuisine étamée ou non étamée, *copos* grands et petits, chaînes grandes
et petites, colliers de chien, lits et lits de
camp de toutes formes et grandeurs, fourneaux,
poêles, *transfuegos*, chenets, pincettes, pelles
à feu et autres garnitures de cheminée, même
avec ornement ou garniture de métal , fers à
repasser.........................la livre 3
— Enclumes, bigornes et *tases* pour divers mé-

tiers, de même que le fer brut ou en barres,
le quintal.. 48 rx.
Fil de fer ou de laiton de toute grosseur et espèce
y compris celui à *gratas*, épinettes, clous et
autres instrumens.....................la livre . 6
Feuilles de fer blanc doubles et simples étamées
ou non étamées.....................la livre . 2
— Blanc étamées, ouvrées en bassins et autres
pièces, y compris les jouets d'enfans. la livre 4
Fer-blanc, fer, cuivre ou métal vernissé ou
peint, ouvrés en lavemains, coffrets, plats à
barbe, *jabancras*, chandeliers avec ou sans re-
verbères et autres pièces .... la livre 8
Lames de fer détachées et sans fourreaux pour
épées, sabres et coutelas............. chaque 6
— avec fourreaux de toute espèce....... idem 12
Laiton manufacturé en pièces de toute espèce la l. 8
Platines en fer pour fusils et pistolets... chaque 10
Pistolets de poche et d'arçon unis ou garnis la p. 160
— à deux coups..................... la paire 320
Plomb ouvré........................ l'arrobe 24
Filières en acier avec leurs enclavures pour faire
des vis.............................. chaque 8
Ciseaux à tondre qui ont ordinairement 3/4 ou
plus de long........................ chaque 16

Métaux précieux et d'argent ouvrés avec ou sans pierreries, et
pierreries fines et détachées.

Anneaux d'argent dorés ou non, garnis de pierres fausses......................... chaque 12
— en or............................. idem 24
Garnitures, tiranas, colliers, croix avec ou sans
attache, avec garniture de pierres fausses,
jais, nacre, cornaline, émail, perles fausses
montées en argent doré ou non doré, chaque 32
Epingles avec tête d'une ou de plusieurs pierres
fausses, jais, émail, cornalines et perles fausses
sur argent..................... la douzaine 24
— sur or........................... chaque 12
Pendeloques à un ou plusieurs pendans de pierres
fausses, jais, cornalines, pâte, perles fausses
ou autres semblables montées sur argent. la p. 16
Boutons pour poignets de chemises, d'une ou
diverses pierres fausses ou d'agate, aventurine,
pâte ou autres semblables montées sur argent......................... les 4 boutons 8

— d'agate ou aventurine avec garniture ou petite
  chaine en or.................. les 4 boutons 24 fx.
— pour casaque, de pierres fausses montées sur
  argent........................... la douz. 48
Chaines de montres de toute espèce de pierres
  fausses, pâte, aventurine ou autres semblables
  montées sur argent.................. chaque 32
Colliers en or seul sans pierres ni émail.. l'once 144
Corail ouvré y compris le fil avec lequel il est en-
  filé.............................. la livre 48
Croix détachées en jais ou cristal, en pâte imitant l'aventurine et autres pierres fausses montées en or........................ chaque 32
Epées avec poignée d'argent doré ou non doré.. 160
— idem, idem garnies de pierres fausses. idem 480
Etuis en ivoire, écaille, nacre, avec agenda et
  autres pièces ou sans elles, garnis d'or, chaque 160
Gardes et poignées d'épées en pierres fausses sur
  argent doré ou non doré............. chaque 400
Boucles de pierres fausses sur argent doré ou non
  doré pour souliers................... la paire 72
— id. pour culottes.......................... 36
Fil d'argent fin doré ou non doré........ l'once 24
Feuilles minces d'argent fin, étroites ou larges,
  dorées ou non dorées, avec ou sans émail, l'once 24
Clefs de montre en argent doré ou non doré,
  avec pierres fausses, et avec ou sans émail, ch. 6
Médailles en pierres fausses, jais, pâte ou aventurine, sur argent doré ou non doré, avec ou
  sans portraits, chiffres et dessins.......... 16
Bijous et bracelets en pierres fausses, jais ou
  aventurine sur argent doré ou non doré, avec
  ou sans portraits, chiffres et dessins, la paire 24
Les mêmes montés sur or............... idem 56
Or ouvré de toutes manières sans pierres, l'once 144
Peignes garnis de pierres fausses, aventurine,
  nacre ou pâte sur argent........... chaque 24
— sur or avec les mêmes garnitures...... idem 160
Aigrettes ou tremblans en argent avec pierres
  fausses........................... idem 16
Argent ouvré de toutes manières, doré ou non
  doré, sans pierres................... l'once 16
Aiguilles de tête en écaille et ivoire, garnies de
  pierres fausses sur argent........ la douzaine 32
Montres de longitude en or et en argent et en
  métal doré pour la marine..........chaq. 1600

5..

Cachets en argent unis et garnis de pierres et
   perles fausses pour chaines de montre la douz. . 32 rx.
— id. en or seul sans pierres ni émail.... l'once 184
Boucles d'oreilles en pierres et perles fausses sur
   argent doré ou non doré avec joncs en or chaq. 12
Ciseaux fins avec anneaux et garniture en or,
   unis ou avec émail et garnis en argent.. idem 80
Insignes d'ordres en pierres fausses sur argent
   doré ou non doré.................. idem 80

COLOMBIE.

***

N° I, *Renseignemens sommaires sur l'état commercial du pays.*

Le port le plus fréquenté de la Colombie est aujourd'hui, malgré le peu de sécurité qu'il offre aux navigateurs, celui de la Guaïra.

C'est probablement à la proximité de Caracas qu'il est redevable de cet avantage, et il est à remarquer que Carthagène, placé sous le rapport des échanges dans une position moins favorable, est bien loin d'offrir le même spectacle de prospérité, bien que sa rade soit l'une des plus belles de l'Amérique.

Le marché de la Colombie est digne à tous égards d'appeler l'attention des nations étrangères.

Les documens officiels publiés par le gouvernement de ce pays en portent la population à 2 millions 644600 ames; mais on s'accorde à taxer ce calcul d'exagération; et, d'un autre côté, la composition actuelle de cette population ne paraît pas propre à opérer les améliorations qu'on peut se promettre de la fertilité de cette contrée, et de sa position géographique; c'est du moins ce que le gouvernement paraît avoir reconnu lui-même, en provoquant les naturalisations par les concessions gratuites de terrain. On rapporte, à ce sujet, qu'un M. Robinson, des Etats-Unis, a conçu le projet d'un grand établissement de culture dans l'intérieur, et dans une position telle qu'il puisse recevoir un entrepôt de marchandises pour l'approvisionnement de Santa-Fé de Bogota. De semblables entreprises, qui seraient faites par des Français, ne manqueraient pas sans doute d'être secondées par les autorités locales.

La Colombie, se reposant sur l'abondance de ses productions territoriales, ne se montre nullement disposée à cultiver les arts industriels; elle sera donc long-tems tributaire du travail de l'Europe; et sous ce rapport, elle offre à l'ancien monde un riche et lointain avenir.

Néanmoins, les échanges avec l'étranger y ont offert, jusqu'à ce jour, peu d'activité, ce qu'il faut attribuer, d'une part, aux événemens de la guerre et aux préoccupations de la politique, et de l'autre, aux vices de l'ancien système commercial.

Il existait en effet, du tems de l'autorité espagnole, une loi qui défendait aux étrangers d'effectuer eux-mêmes leurs ventes et leurs achats, et les forçait de recourir pour les moindres opérations à l'entremise d'un consignataire né dans le pays ou naturalisé. Ces consignataires, indépendamment de la commission qu'il fallait leur payer, se permettaient chaque jour des abus de confiance, et les dégoûts qu'un pareil ordre de choses faisait éprouver aux navigateurs et aux marchands étrangers, ne contribuaient pas faiblement à les éloigner de la Colombie.

Heureusement, il n'existe aujourd'hui plus de traces de ce système. Un décret du 28 juillet 1824 a restreint le monopole des consignataires, et tout étranger a le droit de faire lui-même ses propres affaires en payant les taxes directes ou indirectes auxquelles sont soumis les naturels.

Mais quels que fussent les obstacles que jusqu'alors le commerce étranger eût rencontrés à la Colombie, les Anglais avaient trouvé le moyen de s'en affranchir, et ils avaient échappé au réglement des consignations en formant, tant à la Trinité qu'à la Jamaïque, des entrepôts où les Colombiens de l'intérieur étaient attirés par l'avantage d'opérer leurs achats sous la protection des lois anglaises, avec plus de sécurité et moins d'entraves que dans leur propre pays.

La situation de Curaçao avait permis aux Hollandais d'imiter ces entrepôts des colonies anglaises et d'en retirer les mêmes fruits.

Mais quels que puissent être les avantages que ces deux nations trouvent dans la priorité de leurs relations avec la Colombie, la France lutte avec succès et peut y aspirer à la suprématie commerciale en usant des ressources que lui offre la prédilection des habitans.

Cette prédilection a pour bases la conformité de religion ainsi qu'un goût prononcé pour nos mœurs, nos usages et nos modes : il en est résulté jusqu'a ce jour que, pour beaucoup d'articles, nos cargaisons ont été préférées à celles des Anglais, sauf toutefois les toiles de coton blanches et la draperie commune, branches de commerce dans lesquelles la supériorité leur est demeurée.

N° II. *Informations sur le choix des cargaisons.*

Les articles d'importation, à l'exception des armes et munitions de guerre, sont presque les mêmes que du tems des Espagnols.

Les vins de Catalogne sont toujours préférés à nos vins de Bordeaux; les eaux-de-vie, les huiles, le savon et les papiers d'Espagne continuent à l'être aux articles analogues provenant de France.

Notre mercerie est très recherchée; mais les Anglais ont la préférence pour la quincaillerie et les cotonnades.

Nos percales et nos mousselines imprimées paraissent d'une telle perfection de goût et d'une telle supériorité pour la fixité des couleurs que nous n'aurions pas de concurrens, si nous étions moins chers.

On peut en dire autant de nos draps et autres lainages.

Nos platilles et nos Bretagnes sont de tous les tissus de fil ceux dont la consommation est la plus générale. Bien choisies et surtout bien pliées et bien calandrées, elles sont assurées d'un grand débit.

Les batistes, les dentelles, les blondes, les gazes et autres objets de toilette peuvent se bien vendre quand on les porte en petite quantité.

Les bas de soie brodés ou à jour sont encore d'une vente facile, enfin nos soieries sont préférées à toutes les autres, mais il faudrait n'en porter que dans les qualités de 5 à 6 fr. l'aune, prix de manufacture.

A ces informations, on peut sans doute joindre un grand nombre de celles qui se trouvent dans la partie du présent recueil relative au Mexique.

N° III. *Tarifs et réglemens commerciaux.*

IMPORTATION.

Marchandises prohibées.

Sont prohibés à l'entrée dans les ports de la république de Colombie, le café, le cacao, l'indigo, le sucre brut ou raffiné, la mélasse, tous les produits du sol ou des manufactures de l'Espagne, la poudre à canon, le tabac en feuilles, en cigares ou en poudre, les esprits étrangers extraits de la canne à sucre, les liqueurs dans la composition desquelles ils entrent, et le sel étranger.

Marchandises exemptes de droit.

Sont exempts de droits, les livres imprimés, n'importe dans quelle langue, atlas et cartes géographiques, instrumens de physique, gravures, tableaux, statues, collections d'antiquités, bustes et médailles, instrumens aratoires, plantes et graines, machines et ustensiles pour travailler l'or et l'argent, le platine, le mercure, le cuivre et l'acier et tous les autres métaux, machines et ustensiles qui peuvent servir à améliorer la navigation des rivières et à perfectionner les procédés en usage dans les manufactures de coton et de laine, presse pour imprimer, or et argent, et tous autres métaux précieux monnayés ou non.

Marchandises tarifiées.

Les autres marchandises paient les droits *ad valorem* ci-après, calculés d'après un tarif d'évaluations publié à Carthagène le 22 avril 1807, et dont on n'a pas connaissance, savoir :

De tous les pays autres que l'Asie.

Première classe. — Fer en barres, fer-blanc et cuivre en feuilles, papier, médicamens, instrumens de chirurgie, cordes, toiles, goudrons, câbles, cordages et ancres.

Des colonies étrangères.... { par nav. nationaux 15   o/o
                              id. étrangers. 20   o/o
D'Europe, des Etats-Unis et { par nav. nationaux 7 1/2 o/o
des colonies ci-devant esp. {   id. étrangers. 15   o/o

Deuxième classe. — Tissus de coton, de laine, de linon, de chanvre (autres que ceux dénommés dans d'autres classes).

Des colonies étrangères.... { par nav. nationaux 17   o/o
                              id. étrangers. 22 1/2 o/o
D'Europe, des Etats-Unis et { par nav. nationaux 10   o/o
des colonies ci-devant esp. {   id. étrangers. 17 1/2 o/o

Troisième classe. — Parapluies, chapeaux de castor, de laine, de coton ou de soie, cire ou spermaceti brut et ouvré, vins, vinaigres et acides, montres, galons d'or ou d'argent, selles, cartes à jouer, poterie, verres et cristaux.

Des colonies étrangères.... { par nav. nationaux 20   o/o
                              par nav. étrangers. 25   o/o
D'Europe, des Etats-Unis et { par nav. nationaux 12 1/2 o/o
des colonies ci-devant esp. { par nav. étrangers. 20   o/o

Quatrième classe. — Soies et soieries fabriquées en Europe, bijoux, pierres précieuses, cuirs tannés, dentelles de soie ou de fil, schals, fleurs artificielles, plumes de parure, miroirs, parfums, essences et eaux de senteur, fruits secs ou confits, olives, câpres et toutes sortes de confitures et marinades.

64

Des colonies étrangères....	par nav. nationaux 22 1/2 0/0
	par nav. étrangers. 27 1/2 0/0
D'Europe, des Etats-Unis et	par nav. nationaux 15 0/0
des colonies ci-devant esp.	par nav. étrangers. 22 1/2 0/0

Cinquième classe. — Chaussures d'hommes et de femmes, meubles, habillemens, linge de corps et de table, ustensiles de cuivre, fer, acier et fer-blanc, suif brut ou ouvré, viandes fraîches ou salées, provisions de bouche.

Des colonies étrangères....	par nav. nationaux 25 0/0
	par nav. étrangers. 50 0/0
D'Europe, des Etats-Unis et	par nav. nationaux 17 0/0
des colonies ci-devant esp.	par nav. étrangers. 25 0/0

Articles non dénommés dans les classes précédentes.

Des colonies étrangères....	par nav. nationaux 25 0/0
	par nav. étrangers. 30 0/0
D'Europe, des Etats-Unis et	par nav. nationaux 17 1/2 0/0
des colonies ci-devant esp.	par nav. étrangers. 25 0/0

De l'Asie. — Sans distinction de classe ni de qualité.

Venant par voie directe....	par nav. nationaux 12 0/0
	par nav. étrangers. 20 0/0
Venant par voie indirecte..	par nav. nationaux 20 0/0
	par nav. étrangers. 25 0/0

Assimilation du pavillon anglais au pavillon américain.

En vertu d'un traité conclu le 18 avril 1825, les marchandises importées par navires anglais paient les mêmes droits que si l'importation avait eu lieu par navires colombiens.

Droit supplémentaire.

Indépendamment des droits d'entrée ci-dessus, il est payé, à titre de droit de consommation, 3 p. 0/0 de la valeur des marchandises importées.

EXPORTATION.

Marchandises prohibées.

Sont prohibés à la sortie de Colombie, les jumens, les vaches, l'argent en pâte, en lingots ou ouvré, exportés par les ports autres que ceux de l'isthme de Guayaquil, or en lingots autres que de la province de Vranga, or en poudre ou en pâte, platine.

Marchandises exemptes de droits.

Sont exempts de droits de sortie, le coton, le maïs et le riz.

Marchandises tarifiées.

Les autres marchandises paient les droits ci-après :

Anes. . . . . 6 dollars par tête:
Chevaux. 18   idem
Mulets. 20   idem
Autres animaux. . . . . 12 1/2 o/o de la valeur.
Argent monnayé, en pâte, en lingots ou ouvré,
par les ports de l'isthme de Guayaquil . . . . 3 o/o
Or { monnayé . . . . 3 o/o
    { en lingots de la province de Vrangua.. . . . . 3 o/o
Bois de teinture. 5 o/o
Cacao . . . . 15 o/o
Café. . . . . 6 o/o
Cuirs non tannés . . . . 6 o/o
Indigo . . . . 5 o/o
Articles non dénommés . . . . 4 o/o

Nota.—Ceux de ces droits qui se perçoivent à la valeur sont calculés d'après les prix courans de la place.

NAVIGATION.

Droits de tonnage.

Les bâtimens étrangers paient pour droit de tonnage un demi-dollard d'Espagne par tonnéau. Les navires colombiens un réal également par tonneau.

Nota. — En vertu d'un traité conclu le 18 avril 1825, les navires anglais sont assimilés dans les ports de la Colombie aux bâtimens colombiens, tant pour le droit de tonnage que pour les autres taxes de navigation.

Le droit de tonnage est payable 10 jours après l'entrée des bâtimens dans le port.

PÉROU.

N° I. *Renseignemens sommaires sur l'état commercial du pays.*

Le Pérou a été jusqu'à ce jour trop agité par les discordes civiles pour qu'on puisse se rendre un compte exact du degré de prospérité commerciale auquel il peut un jour atteindre.

On peut toutefois affirmer, quant à présent, que tant qu'il n'aura point rétabli ses relations avec Quito, Guayaquil et Mexico, les affaires des Européens y seront nécessairement bornées ; les produits de ces dernières contrées, savoir la cochenille, la vanille, le quinquina, le cacao, les laines et les cuirs, devant former une grande partie des cargaisons de retour.

Les bâtimens que l'on envoie au Pérou ne doivent pas être d'un tonnage élevé, d'autant plus que la vente des produits de l'Europe ne s'y opère qu'avec lenteur.

Le commerce de ce pays n'a été, jusqu'à ce jour, exploité que par les Anglais et les Français : ces derniers toutefois ne figurent que pour un quart dans la masse des affaires de ces deux nations.

Les Anglais doivent leur prépondérance à la supériorité de leurs capitaux, et au soin qu'ils ont eu d'établir à Lima des maisons de commerce.

Les bénéfices qu'ont produits jusqu'à ce jour les expéditions françaises peuvent être évalués au taux moyen de 28 p. o/o ; il en est toutefois qui ont rapporté jusqu'à 100 p. o/o, et ces profits exhorbitans peuvent être signalés comme le plus grand obstacle à l'extension de nos rapports, attendu qu'ils n'ont pas été toujours le prix de la bonne foi.

On se plaint de ce que les pacotilleurs français n'hésitent pas à tromper les naturels du pays sur la qualité de leurs marchandises ; et cette fraude prend au Pérou un caractère d'autant plus odieux, que presque tous les marchés se faisant par contrebande, les acheteurs sont obligés de s'en rapporter à la loyauté des vendeurs et prennent livraison des colis sans examen. Il a été reconnu plus d'une fois que dans les caisses de vins, les trois quarts des bouteilles étaient vides, et que les comestibles étaient entachés d'avaries plus ou moins graves ; et enfin que les tissus étaient de 2 ou 3 degrés inférieurs aux échantillons, au vu desquels les marchés avaient été conclus.

N° II. *Informations sur le choix des cargaisons.*

Les marchandises d'Europe dont il y a ordinairement le plus de demande au Pérou, sont :

1° Les toiles de lin de toutes qualités : les qualités moyennes de 6 aunes à la pièce se vendent de 35 à 140 piastres.

2° Les draps : ceux qu'on appelle de seconde qualité, se vendent 7 à 8 piastres l'aune ; ceux de première qualité, de 9 à 10 piastres. On recommande surtout les couleurs bleue, verte, noire et brune.

3° Les cotonnades blanches, les bas de coton, les calicots pour chemises, les cotonnades rayées et à carreaux bleus.

4° Les velours et les rubans de toutes espèces,

ainsi que les bonnes soies et les satins de toutes les couleurs.

5° Les flanelles, les casimirs, les schals, les mouchoirs.

6° Toute espèce de verrerie et de poterie.

7° Le fromage de Gruyère, les jambons fumés.

8° Les cires blanche et jaune : elles valent 120 piastres le quintal.

9° Le mercure.

Les objets de luxe tels que dentelles, voiles, schals et bijouterie ne doivent être envoyés qu'en faibles quantités.

Il importe d'ailleurs de n'importer au Pérou que de bonnes marchandises. L'expérience prouvera que les premières qualités sont celles qui donnent le plus de bénéfices.

Quant aux retours, les articles dont ils peuvent se composer sont les cotons, les écorces, les laines de mouton et de vigogne, les peaux de daim, de chèvre et autres, les cornes, et de plus la cochenille, la vanille et le cacao de Guayaquil : mais tous ces produits sont rares, et les cargaisons se forment difficilement, d'où il suit que les retours se font ordinairement en espèces.

N° III. *Tarifs et réglemens commerciaux.*

Les changemens politiques qui se sont succédé au Pérou pendant les dernières années nécessitent, quant à l'application des tarifs et réglemens commerciaux, une explication préliminaire.

Un des premiers actes du gouvernement qui, sous le titre de république du Pérou, se substitua à l'ancienne autorité espagnole, fut d'établir un système de douane.

Ce système demeura en vigueur jusqu'au commencement de l'année 1824, époque à laquelle l'autorité royale ayant prévalu, il fut établi en son nom des réglemens qui n'étaient ni ceux de l'ancienne vice-royauté du Pérou, ni ceux du dernier gouvernement.

Mais, depuis lors, le pouvoir des Espagnols a été encore une fois renversé; et il est probable que le tarif dit de la république aura été de nouveau mis à exécution.

On a jugé convenable, quoi qu'il en soit, de donner ici les renseignemens recueillis sur l'un et l'autre ordre des choses.

LOI COMMERCIALE DU GOUVERNEMENT RÉPUBLICAIN.

Ports ouverts au commerce.

Les ports de Callao et de Huacho sont ouverts à tous les bâtimens des puissances neutres ou amies du Pérou, sous l'obligation imposée aux capitaines de se soumettre au paiement des droits et d'observer les formalités prescrites ci-après pour la perception.

Droits de navigation.

Les navires arrivant avec un chargement à destination du Pérou doivent un droit d'ancrage fixé à 4 réaux par tonneau pour les étrangers et à 2 réaux seulement pour les nationaux.

Manifeste.

Dans les 10 heures qui suivent l'entrée des bâtimens, les capitaines ou subrécargues sont tenus d'exhiber un manifeste complet de leurs cargaisons; l'interprète du gouvernement en transmet la traduction à la douane dans les 48 heures.

Consignataires.

Durant les 48 heures sus-mentionnées, les capitaines ou subrécargues doivent désigner un consignataire qui ne peut être qu'un citoyen du Pérou.

Nota.—En vertu d'une convention entre sir Thomas Hardy et le gouvernement du Pérou, les sujets anglais peuvent devenir consignataires moyennant un droit additionnel de 5 p. o/o (1).

Déchargement du navire.

Immédiatement après l'accomplissement de ces formalités, les capitaines peuvent commencer le déchargement de leurs navires, autrement ils doivent quitter le port dans l'espace de 6 jours, à dater de celui de leur arrivée. Pendant le déchargement, les bâtimens sont soumis à la visite des employés de la douane.

Différence entre les factures et le contenu des colis.

Lorsqu'on reconnaît une différence notable entre les factures et le contenu des colis, ceux-ci sont confisqués si la différence est en moins; si elle est en plus, l'excédant paie le double droit.

Contrebande.

Toute contrebande entraîne la confiscation du navire et des marchandises.

DROITS D'ENTRÉE.

Marchandises exemptes de droits.

Sont exempts de droits à l'entrée le vif-argent, les instrumens pour l'exploitation des mines, les munitions de guerre (la poudre exceptée), les livres, les instrumens pour les sciences, les cartes géographiques, les gravures et les machines de toute espèce.

---

(1) Un décret rendu par Simon Bolivar, dans le courant de mars 1825, en vertu des pouvoirs qui lui ont été confiés au Pérou, porte :

« Le réglement provincial de commerce du 27 avril 1821 est annulé. En conséquence, les étrangers sont autorisés à exercer leur industrie et à gérer par eux-mêmes leurs affaires de commerce, sans être obligés de désigner pour consignataire un citoyen du Pérou. Enfin, les étrangers jouiront de la protection des lois comme les Péruviens, et seront sujets aux mêmes taxes. » *(Note du Journal de Commerce.)*

Marchandises tarifées.

Les droits sont calculés d'après les prix courans de la place et les prix de factures.

Marchandises autres que celles ci-dessous..........	par bâtimens péruviens............	16 0/0
	par bâtimens des états indépendans du Chili, de Rio de la Plata et de Colombie......	18 0/0
	par tous autres bâtimens.......	20 0/0

Paient le double des droits ci-dessus, les objets manufacturés ou en concurrence avec l'industrie du Pérou, tels que habits confectionnés, cuirs tannés, semelles, souliers, bottes, chaises, sophas, tables, voitures et autres ouvrages en cuir, lampes, sabots de chevaux, chandelles de suif, de cire ou de spermaceti et poudre à tirer.

Crédit.

Il est accordé un crédit de 120 jours pour le paiement des droits d'importation, lesquels doivent être acquittés par tiers ou trois termes égaux. Les consignataires seuls sont responsables de leur paiement.

DROITS DE SORTIE.

Marchandises prohibées.

Est prohibée, sous peine de confiscation, la sortie de l'or et de l'argent en barres ou travaillés.

Marchandises tarifées.

Les droits doivent être payés par l'exportateur au moment même de l'embarquement.

Argent monnayé.............................		5 0/0
Or monnayé.................................		2 1/2 0/0
Autres articles.	par bâtimens péruviens......	3 0/0
	id. du Chili, de Rio de la Plata et de Colombie..............	3 1/2 0/0
	par autres bâtimens..........	4 0/0

Réexportation.

Tout capitaine ou subrécargue peut, après avoir débarqué ses marchandises, les réembarquer pour l'exportation, s'il le juge convenable, moyennant un droit de transit de 1 0/0, et les droits d'importation lui sont remboursés.

Les marchandises exemptes de droits d'entrée sont le mercure, les livres et les instrumens de musique.

Importation.

Les autres articles étrangers paient ; savoir :
Les provisions de toute espèce................... 20 0/0
Les vins et eaux-de-vie 48 0/0
Les objets manufacturés...................... 55 0/0
On ignore si ces taxes sont perçues d'après les valeurs officielles ou d'après celles déclarées par les importateurs.

Exportation.

Les droits de sortie sont :
Or monnayé................................ 2 1/2 0/0
Argent monnayé 5   0/0
Tous autres articles......................... 4   0/0
Or et argent non monnayés................. prohibés.

Navigation.

Les navires marchands paient un droit de tonnage de deux piastres par tonneau , plus un droit de mouillage ou de port de huit piastres par bâtiment.

CHILI.

N° I. *Renseignemens sommaires sur l'état commercial du pays.*

Le commerce extérieur n'a pris jusqu'à ce jour qu'une extension médiocre dans le Chili.

On en juge du moins par ce seul fait que la consommation de ce pays, réunie à celle du Pérou, ne s'élève pas au-dessus de 20 ou 24 chargemens de produits européens.

Quant aux retours, les cargaisons se forment avec lenteur et difficulté, et souvent les bâtimens reviennent sur lest.

Cet état de choses est, toutefois, trop incompatible avec la fertilité du sol de cette contrée, ainsi qu'avec les avantages de sa position géographique, pour qu'on puisse lui assigner une longue durée : aussi les Anglais n'ont-ils pas négligé d'y former plusieurs établissemens.

On compte au Chili douze maisons de commerce appartenant à cette nation, et l'on doit peu s'étonner, dès lors, de la supériorité qu'ils y ont acquise pour la vente de leurs produits. On estime qu'ils font à eux seuls, de même qu'au Pérou, les trois quarts des affaires commerciales du pays : le reste est exploité par les Français, dont les maisons de commerce, fort peu nombreuses, honorent toutefois leur patrie par leur amour du travail et leur probité.

Le Chili n'offre pas moins d'élémens de succès à

la France que toutes les autres parties de l'Amérique du sud ; avec le secours du tems et de la persévérance, et surtout en se contentant de bénéfices modérés, elle n'y aura plus à craindre aucune rivalité. Les bénéfices ont été, comme au Pérou, de 28 pour cent pour les opérations ordinaires, et ils se sont également élevés quelquefois jusqu'à 100 p. o/o ; mais ces profits exagérés, obtenus aux pacotilleurs par des fraudes et des infidélités manifestes, auraient pour résultat, s'ils devaient se renouveler, la déconsidération du commerce français dans cette contrée....... (Voir les détails dans lesquels on est entré sur ce sujet dans la première partie du cahier *Pérou.*)

On ne doit pas passer sous silence une circonstance particulière qui restreint singulièrement aujourd'hui l'essor du commerce extérieur au Chili, mais dont on espère que les effets ne seront pas de longue durée : c'est l'établissement d'une compagnie qui s'est chargée de fournir annuellement au gouvernement une somme de 365,000 piastres, formant l'intérêt d'un emprunt contracté en Angleterre, moyennant la concession, qui lui a été faite, de la vente exclusive des vins, liqueurs, tabac, thé et café. Cette mesure est préjudiciable aux étrangers ; car, non-seulement il n'y a plus de concurrence pour l'achat des denrées qui viennent d'être énumérées, mais encore les priviléges de la compagnie réagissent sur les marchandises mêmes qui ne sont pas comprises dans son monopole, en raison du droit qui lui a été concédé de ne permettre qu'une station de quinze jours aux navires qui refusent de lui vendre leurs cargaisons.

Heureusement, ces abus semblent toucher à leur terme, la compagnie ne jouissant d'aucun crédit, ses capitaux étant faibles, et ses charges envers le gouvernement supérieures à ses bénéfices.

N° II. *Informations sommaires sur le choix des cargaisons.*

Les articles ci-après sont ordinairement d'un débit sûr et facile dans le Chili, savoir :

Les soieries, à l'exception des bas; les toiles de France ; les draps, et préférablement ceux dont le tissu est léger ; les armes de parade; la chapellerie, les câbles et cordages (ils doivent être bien goudronnés); le beurre (il faut avoir soin de le placer en doubles futailles).

Les vins et surtout les vins de liqueur sont recherchés ; mais ils viennent d'être mis, comme on l'a vu plus haut, en monopole.

L'horlogerie et les meubles sont deux branches de commerce à peu près éteintes : l'horlogerie, parce qu'elle est fabriquée sur les lieux mêmes par des ouvriers habiles que la maison Rostell de Bristol a établis dans toutes les villes de l'Amérique ; les meubles, parce qu'étant frappés d'un droit de 40 p. o/o, ils ne peuvent soutenir la concurrence de ceux que fabriquent les ébénistes français venus au Chili.

Il reste à faire, quant aux importations, une observation générale ; c'est qu'il faut envoyer dans le Chili peu de marchandises à la fois, et dès-lors employer des navires d'un faible tonnage.

Les exportations du Chili n'offrent, ainsi qu'on l'a dit dans la première partie de ce cahier, que peu d'avantages : on pourrait bien y charger des cuirs et du cuivre ; mais les cuirs sont d'une qualité médiocre, en même tems que le prix est trop élevé, et le cuivre, qui est également cher, est chargé de forts droits à la sortie, de sorte que, rendu en Europe, il ne peut lutter pour le prix avec ceux de Suède et d'Angleterre auxquels, d'ailleurs, il est inférieur en qualité.

Les retours se font donc en espèces.

Nº III. TARIFS ET RÉGLEMENS COMMERCIAUX.

Droits de navigation.

Les navires arrivant avec un chargement à destination du Chili, doivent des droits de port fixés à 1 réal par tonneau pour les étrangers, et à 1/2 réal pour les nationaux.

Manifestes.

Deux heures après que le navire a jeté l'ancre dans le port, le capitaine ou subrécargue doit remettre au commandant des douanes le manifeste de son chargement, ainsi que les lettres qu'il peut avoir à bord, lesquelles sont envoyées à leur adresse, le bâtiment demeurant sans communication jusqu'après sa visite.

Amende en cas de retard dans la remise du manifeste.

Pour chaque lieue qui dépasse le délai fixé ci-dessus pour la remise du manifeste, le capitaine est tenu de payer à la douane une amende de 25 piastres, et 200 si quelqu'un du bâtiment a enfreint la défense de communication.

Déclaration en détail.

Dans les huit jours qui suivent l'arrivée du bâtiment, le consignataire doit remettre à la douane une déclaration, en double expédition, énonçant en toutes lettres le nombre de colis, la qualité et l'état des marchandises, leur poids et mesure, avec des marges suffisantes pour établir la liquidation des droits. La douane perçoit 8 piastres pour cette déclaration.

Amende en cas de retard dans la déclaration en détail.

Après l'expiration des huit jours, et pour chaque jour de retard dans la remise de la déclaration en détail, le consignataire sera passible envers les douanes d'une amende de 200 piastres.

Déchargement.

Le déchargement commence immédiatement après la remise de la déclaration en détail.

Marchandises non portées au manifeste.

Sont confisquées toutes les marchandises non portées sur le manifeste ou sur la déclaration en détail.

Régime des marchandises à l'entrée.

Toutes les marchandises sans exception sont admises au Chili.

Marchandises exemptes de droits.

Sont exempts de droits, le mercure, les livres, plans et cartes géographiques, les sabres, épées, pistolets, fusils, canons, poudre, balles et autres munitions de guerre, les presses à imprimerie, les instrumens de physique, de mathématiques et de musique, les ustensiles et machines pour les manufactures.

Marchandises tarifées.

Les autres marchandises paient les droits ci-dessous, calculés, pour les articles taxés à la valeur, d'après les déclarations des importateurs, ou, en cas de contestation, d'après les prix courans de la place déterminés par des experts nommés à cet effet par les parties.

Tissus de soie purs ou mélangés d'or ou d'argent	
Dentelle de fil de toute espèce..............	
Coton en laine............................	
Laine de vigogne.........................	
Fer.....................................	15 p. 0/0
Acier...................................	
Cire en pain.............................	
Indigo..................................	
Macano (bois)...........................	
Substances propres à la teinture..........	
Bijouterie d'or ou d'argent...............	5 p. 0/0
Perles et pierres fines...................	
Montres................................	
Dentelles d'or et d'argent................	
Ouvrages en fil..........................	
Cannetille.............................	5 p. 100
Galons.................................	
Epaulettes..............................	
Vins, liqueurs et bière non-dénommés.......	
Meubles................................	
Habillemens confectionnés................	40 p. 100
Souliers................................	
Bottes et toute espèce de chaussure........	

Vins, rhum et eau-devie en futailles..... 4 réaux le gallon.
Herbes, plantes de toute espèce........ 6 piastres l'an.
Sucre en poudre de toute sorte............. 2 id. id.
— en pains ou cassé................. 3 id. id.
Tabac en poudre....................... 1 p. 4 rx. la liv.
— rapé........................... id. id.
Cigares pures......................... 4 p. le mille.
Tabac en feuilles..................... 20 id. le quintal.
— En paquets de toutes sortes (au-dessus
de 12 où il paie au poids)............ 1 1/4 id. le paq.
Marchandises non-dénommées........... 27 pour 100.

Droit additionnel de magasinage.

Toutes les marchandises paient en outre des droits ci-dessus, un droit de magasinage de 1 réal par colis ou par quintal.

Remise en faveur du pavillon national.

Les marchandises importées par bâtimens nationaux ayant leur capitaine et le quart de leur équipage chiliens, jouissent d'une remise de 20 p. o/o sur le montant des droits.

Remise en faveur des marchandises consignées à des citoyens du Chili.

Il est accordé une remise de 10 p. 100 sur le montant des droits, pour les consignations faites à des citoyens du Chili.

Remise en faveur des marchandises appartenant à des citoyens du Chili.

Jouissent également de la remise précitée de 10 p. 100 sur le montant des droits, les marchandises appartenant à des citoyens du Chili, importées par bâtimens étrangers.

La remise de 10 et de 20 p. 100 ne peut dans aucun cas, profiter à la fois aux mêmes marchandises.

Crédit.

Les crédits pour l'acquittement des droits d'entrée sont de 6 mois pour les nationaux et de 4 seulement pour les étrangers. Le paiement, pour les premiers, s'effectue par tiers payables les 3e, 5e et 6e mois; pour les seconds par moitié payables l'une le 3e et l'autre le 4e mois.

Les négocians sont tenus à cet effet de souscrire des billets payables à vue.

EXPORTATION.

Déclaration de sortie.

Les douanes perçoivent pour chaque déclaration de sortie un droit de 2 piastres.

Régime des marchandises à la sortie.

Toutes les marchandises sans exception peuvent sortir du Chili.

Marchandises exemptes de droits.

Sont exempts de droits à la sortie les cordages et agrès, le chanvre, le lin non filé, les vins, la bière, les liqueurs et le charbon de terre.

Marchandises tarifées.

Les autres marchandises paient les droits ci-dessous, calculés, pour les articles taxés à la valeur, d'après un tarif d'évaluation fixé tous les 6 mois, en présence des chefs des douanes, par un visiteur et deux négocians nommés par eux.

Cuivre en barres ou en lingots	par n. étr.	droit de 5ᵉ... 4 r. 3/4 ; droit d'exp.. 1 » ; id. de douane 10 1/4	2 p. le quint.	
	par n. nat.	droit de 5ᵉ... 4 » ; droit d'exp.. 1 » ; id. de douane 6 1/4	1 p. 4 r. le q.	

Argent, en piastres fortes ou demi-piastres..... 2   0/0
Or marqué.................................. 1/2 0/0

Autres articles
par bâtiment national 6   0/0
par bâtiment étranger......... 8   0/0
par terre..................... 8 . 0/0

Réexportation.

Les capitaines peuvent, après avoir débarqué leurs marchandises, les réembarquer pour l'exportation. Les droits d'entrée leur sont alors remboursés, déduction faite de ceux de réexportation ci-après, savoir :

Pour les vins, liqueurs et bières, importées directement par les Cordilières et exportés par mer.......... 10 0/0

Pour les autres marchandises importées par mer et exportées de même........................ 5 0/0

Pour les articles qui paient à l'entrée 5 0/0..... 1 0/0

Cabotage.

Les bâtimens étrangers sont admis à faire le cabotage, moyennant un droit de 6 o/o pour toutes les marchandises qu'ils ont à bord.

BUENOS-AYRES.

—

N° I. *Renseignemens sommaires sur l'état commercial du pays.*

Le territoire de Buenos-Ayres étant également propre à la culture des denrées du tropique et de celles que produisent les départemens de la France, on peut se faire une idée de la prospérité agricole à laquelle peut atteindre un jour cette contrée, et des nouvelles fort récentes (2 avril 1825) annoncent que le gouvernement s'est occupé déjà d'y encourager la production des céréales en défendant l'importation des farines étrangères.

Mais il est douteux que les récoltes intérieures puissent suffire pour le moment à la consommation du pays; et, dans le fait, on peut dire que l'époque des grands travaux agricoles n'est pas encore arrivée pour une population si peu proportionnée à l'étendue des terres.

C'est à 1,600,000 âmes seulement qu'on porte le nombre des habitans des provinces réunies de la Plata; mais on s'accorde à dire que cette population est susceptible d'un rapide accroissement, aussitôt que les troubles civils n'arrêteront plus l'essor des relations commerciales.

Tout annonce que ces relations suivent une marche progressive.

Les importations de Buenos-Ayres, qui pendant

l'année 1822, se sont élevées d'après les estimations
de la douane à plus 11,000,000 de piastres, se sont
augmentées dans une proportion dont on ne peut donner le chiffre, mais que l'on sait être fort considérable. Quant aux exportations, elles se composaient en
1824, d'après les relevés de la douane, comme il
suit :

1279745	piastres fortes à 10 o/o de prime font	1407745 piast.
10625	quadruples à 17................	180635
118556	marcs d'argent à 9................	1395031
655255	cuirs de bœuf, vache et taureau à 5 piastres....................	3276275
359803	peaux de cheval à 5 réaux.......	212315
150361	quintaux de viande salée à 5 piast.	651805
35670	douzaines peaux de chinchilla à 5 p.	178350
9138	peaux de tigre, loup, etc., à 3 piast.	27414
12167	arrobes de suif et graisse à 2 piastres	24354
	crins, cornes, plumes d'autruche, etc.	50940
	Piastres..........	6089000

On peut sans exagération porter un tiers
en sus de cette valeur pour les articles non
déclarés en douane, principalement en piastres fortes, en quadruples, en argent, or en
barres, qui s'embarquent si facilement, piast. 2029700

Piastres.......... 8118700

En francs.......... 40595500

Il ne faut pas perdre de vue qu'indépendamment
des motifs naturels qui donnent lieu de croire à l'accroissement ultérieur de ce mouvement commercial,
on trouve de nouvelles probabilités à cet égard dans
les vues dont paraît animée l'autorité locale; et les
dernières nouvelles parlent du futur établissement
d'un port franc à Buénos-Ayres.

La nation dont l'influence commerciale a prévalu
jusqu'à ce jour dans les provinces de Rio de la Plata
est, sans contredit, l'Angleterre; et cette supériorité
lui est acquise, de même que dans toutes les autres

contrées de l'Amérique du sud, par l'immensité de ses capitaux jointe à l'activité de ses commerçans. Un fait remarquable toutefois, c'est que leur suprématie n'a pas suivi le mouvement de progression du commerce en général : en 1822, ils entraient pour moitié dans la masse des importations que l'on a vu plus haut s'être élevée à 11,000,000 de piastres. Aujourd'hui, que cette masse a reçu de l'accroissement, il semblerait que leur part est restée à peu près la même, et qu'ainsi les progrès du commerce ont profité aux autres peuples, c'est à dire aux Français, aux Allemands et aux Américains du nord.

Les Français, en effet, trouvent de grands élémens de succès à Buenos-Ayres dans la disposition naturelle des esprits. Cette ville, qui approche de la civilisation des capitales européennes, donne, sur beaucoup de points, la préférence à nos goûts et à nos usages. Tous les sujets du roi qui l'ont parcourue n'élèvent qu'une voix sur les bons traitemens qu'ils y ont éprouvés, et sur la faveur avec laquelle on y accueillerait des établissemens français. Il est permis de croire que ces établissemens ne pourraient que prospérer sous la double influence de la prédilection des habitans et des avantages d'une position centrale; car Buenos-Ayres semble destiné à devenir l'entrepôt général de cette partie de l'Amérique, lorsque les excursions des Indiens étant réprimées, les communications intérieures seront devenues parfaitement libres; et, d'un autre côté, si le pays qui l'entoure est loin d'offrir pour le moment à l'industrie étrangère les mêmes ressources que la ville même, on doit tout attendre de l'influence de l'exemple, secondée par les progrès de la civilisation qui fait naître les besoins en même tems que la faculté de les satisfaire.

Tous les actes de l'autorité locale annoncent au surplus l'intention d'entretenir avec toutes les nations de l'Europe des relations également amicales;

elles participent toutes, sur le pied d'une parfaite égalité, aux prérogatives comme aux charges du commerce étranger.

Tout se réunit donc pour appeler vers cette contrée l'attention des spéculateurs européens.

Mais, cependant, il ne faudrait pas se faire une idée exagérée de sa consommation actuelle en produits manufacturés ; et il semble d'abord qu'il faudrait procéder avec une certaine réserve quant au nombre et à l'importance des chargemens.

Quelques personnes ont pensé, d'un autre côté, que les voyages à Buenos-Ayres devraient être indépendans de ceux que l'on entreprend à la côte sud-ouest, attendu que toute la rivière de Rio de la Plata est sujette à des flux continuels et à des coups de vent qui rendent la navigation dangereuse ou du moins fort lente, tant pour l'aller que pour le retour.

Enfin toutes les saisons ne sont pas également favorables pour les expéditions à Montevideo ; et c'est pendant l'été que les retours offrent le plus d'avantages, attendu que c'est l'époque à laquelle les grands approvisionnemens de peaux brutes arrivent de l'intérieur des terres.

N.º II. *Informations sur le choix des cargaisons.*

Les principaux articles d'importation sont : 1º les draps et casimirs : les draps doivent être très fins ou très ordinaires ; les qualités moyennes ne sont pas demandées ; les grandes largeurs sont préférées ; les ballots doivent se composer de 12 pièces ; savoir : 9 de couleur bleue et 3 en noir. Quant aux casimirs, ils doivent être expédiés en ballots de 20 pièces de couleurs variées ;

2º Les toiles blanches, les toiles bleues, les toiles à voiles;

3º Le linge confectionné; c'est à dire, les chemises et les culottes larges;

4º Les gilets de coton tricotés et les bretelles de coton;

5º Les souliers, mais ceux de qualité inférieure et pour l'usage des ouvriers;

6º La verrerie: elle est d'une vente facile, mais elle doit être de première qualité; les grandes caraffes pour l'eau, les verres à bière et à vin sont les principaux articles à envoyer; les verres à vin sont préférés en forme de cloches; quant aux verres à bière, ceux destinés au cabaret peuvent être pointus par le bas; mais ceux pour la table des particuliers doivent avoir le fond aussi fin que les bords. On peut envoyer aussi quelques verres dorés, des vases à fleurs, tant en porcelaine qu'en albâtre; mais ces articles doivent être du goût le plus nouveau. Quant aux verres à vitre, il n'en faut pas une trop grande quantité, et voici quelles doivent en être les dimensions; savoir:

18, 17, 16, 18, 16, 15, 14, 14 pouces de longueur sur 20, 20, 18, 14, 12, 17, 13, 12 de largeur.

7º Les armes, c'est-à-dire, les pistolets et les sabres. Les armes à feu doivent être légères avec de bonnes batteries; les sabres doivent être à la hussarde avec des fourreaux en fer;

8º L'eau de cologne. On demande qu'elle soit en petites caisses; ce qui paraîtrait annoncer de la part des acheteurs du pays l'intention de les introduire plus facilement en fraude des droits;

9º Les soieries de France. Elles sont en général très recherchées et doivent être, autant que possible, en paquets d'un faible volume, par le motif énoncé dans le paragraphe précédent.

Enfin, on recommande aux armateurs de disposer dans un colis particulier les échantillons de tous les articles de la cargaison, afin qu'on puisse le débarquer aussitôt après l'arrivée.

Quant aux marchandises de retour, ce sont, ainsi qu'on l'a dit au *numéro premier des renseignemens sommaires*, les cuirs de bœufs, vaches et chevaux, la viande salée, les peaux de chinchilla, de tigres et de loups, les crins, les cornes et les plumes d'autruche ; articles auxquels on peut joindre les laines de vigogne et de *guanacos*.

N° III. *Tarifs et réglemens commerciaux.*

IMPORTATION.

Les articles exempts de droits à l'entrée, sont : le blé et la farine (1) valant plus de 9 dollars par fanega, le sel valant plus de 6 réaux par fanega.

Ceux des droits ci-dessous qui se paient à la valeur, sont calculés d'après le prix des marchandises estimé par des personnes à ce qualifiées et assistées de deux négocians impartiaux.

Vif argent, bois de charpente, instrumens pour l'agriculture, les arts et les sciences, livres, gravures, tableaux, statues, laines et fourrures brutes, joncs, mélasse pour distiller, chaux, pierres de construction, briques, charbon,

---

(1) On a vu plus haut que d'après des nouvelles récentes, l'importation des farines semblerait avoir été défendue. (*Note du Bureau de Commerce.*)

Une lettre de commerce de Buenos-Ayres du 14 juin, porte que la farine se vendait, à Buenos-Ayres, 12 dollars le baril, et qu'elle était soumise à un droit de 5 piastres. D'après les dispositions d'une loi récemment rendue par le congrès, le montant de ce droit devait, après le 15 juillet, équivaloir à une prohibition ; mais on croyait que cette loi serait révoquée avant que d'être à exécution. (*Note du Journal du Commerce.*)

soieries brodées en or et en argent, bijouterie d'or et d'argent... 5 p. o/o

Couleurs pour peinture et pour teinture, drogues, médicamens, épices, poudre à tirer, armes, pierres à fusil, poix, goudron, cordages, soieries unies... 10   o/o

Sucre, café, thé, cacao et autres denrées analogues.. 20   o/o

Meubles, glaces, voitures, sellerie, habillemens, souliers, bottes, vin, bière, cidre et tabac 30   o/o

Esprits et liqueurs............................. 30   o/o

Blé.......	valant 6 dollars ou moins, 4 dollars par fanéga
	7 id. 3 id.
	8 id. 2 id.
	9 id. 1 id.
Farine (1).	valant 4 dollars ou moins, 4 dollars par fanéga
	6 id. 3 id.
	8 id. 2 id.
	9 id. 1 id.
Sel	valant 2 dollars ou moins, 12 réaux par fanéga
	3 id. 8 id.
	4 id. 4 id.
	5 id. 2 id.

Chapeaux, la pièce............................. 3 dollars
Articles non dénommés......................... 15 p. o/o

Les marchandises importées peuvent être mises en entrepôt pendant six mois, terme après lequel elles doivent acquitter les droits ou être réexportées.

EXPORTATION.

| Peaux | de bœufs, vaches, taureaux et jeunes veaux 1 r. la p. |
| | de chevaux et de veaux................. 1/2 |

Argent monnayé, en lingots ou ouvré......... 2 p. o/o
Or monnayé.................................. 1   o/o
Articles non dénommés....................... 4   o/o

Navigation.

Le droit de tonnage pour les bâtimens chargés est de 2

---

(1) Mêmes observations que ci-contre.

réaux par tonneau à l'entrée, et autant à la sortie, y compris les droits de jaugeage, balise et tous autres, excepté ceux de déclaration à la douane, qui sont très faibles.

Les bâtimens sur lest ne paient que moitié.

BRÉSIL.

N° I. *Renseignemens sommaires sur l'état commercial du pays.*

On connaît assez en Europe l'étendue des ressources que le Brésil peut offrir un jour au commerce extérieur, sous le double rapport de la consommation de nos marchandises et de l'abondance des objets d'échange que produit son territoire; et il suffira de dire que ce pays, le premier de ceux de l'Amérique méridionale qui, dans ces derniers tems, a été fréquenté par nos navigateurs, ne s'avance qu'à pas lents, au milieu de ses discordes civiles, vers l'état de prospérité auquel tant d'avantages naturels lui donnent le droit de prétendre.

Ce qui présente en ce moment un intérêt plus direct et plus neuf, c'est l'état moral de la contrée, quant à ses rapports avec les autres peuples.

Par une conséquence de leurs prétentions à l'indépendance politique, les Brésiliens ne consulteront probablement que les avantages matériels, toutes les fois qu'il s'agira pour eux d'acheter ou de vendre : tous les étrangers peuvent donc s'attendre de leur part à un traitement uniforme, en tant que le gouvernement actuel ne se trouvera pas lié par des traités ou conventions antérieures à son existence.

C'est à la faveur de stipulations de cette nature que les Anglais ont pu devancer leurs rivaux dans plusieurs branches de l'approvisionnement du Brésil;

et il est de fait que leur influence prévaut jusqu'à ce jour sur ce marché.

Après eux, les Américains du nord et surtout leur marine marchande ont dû quelques succès à l'interruption des rapports avec le Portugal; et c'est le pavillon des États-Unis qui est en possession de transporter au Brésil les productions de son ancienne métropole.

Quant au commerce français, il est favorisé, comme partout ailleurs dans l'Amérique du sud, par la bienveillance des habitans et des personnes exerçant l'autorité : mais deux causes principales se reproduisent encore ici pour restreindre l'essor qu'il pourrait prendre à la faveur de la réputation de nos produits et de la préférence que le goût du pays leur accorde.

La France doit se mettre en garde contre la déloyauté de ses pacotilleurs : la mauvaise qualité de leurs marchandises a produit chez un grand nombre d'acheteurs les sentimens de défiance et de dégoût : on pourrait citer un navire qui, venu de l'un de nos ports au commencement de l'année 1823, n'était chargé, de l'aveu même de son capitaine, que de beurre gâté, de vins frelatés et de rebuts de magasin de toute espèce.

Il faudrait, en second lieu, que les principaux points du Brésil comptassent quelques maisons de commerce françaises, ou du moins que des commis voyageurs vinssent de tems en tems étudier les modifications que subissent les besoins et les goûts du pays. A Saint-Louis-de-Maragnan, par exemple, l'établissement d'un entrepôt de marchandises françaises dans l'intérieur du pays aurait d'heureux résultats pour le développement de nos relations : les entreprises de ce genre sont d'ailleurs très profitables à leurs auteurs, si l'on en juge par l'exemple d'un négociant français qui, étant venu se fixer à

Saint-Louis, avec un capital de 150,000 francs, paraît avoir réalisé, dans le terme de six mois, un bénéfice de 70,000 fr.

N° II. *Informations sur le choix des cargaisons.*

Les articles que la France peut envoyer avec avantage dans les diverses provinces du Brésil, sont : les modes, la bijouterie, les meubles précieux, les chapeaux, les souliers, les soieries surtout, et une foule de petits articles de détail.

Nous pourrions nous emparer de l'approvisionnement des vins au Brésil; car il est prouvé que les vins de Provence et du Languedoc peuvent aisément passer pour des vins d'Oporto, au moyen d'une légère préparation et de la précaution qu'on aurait de les transporter dans des pipes de forme portugaise; mais en commençant il faudrait se contenter de légers bénéfices.

Les savons de Marseille obtiendraient la préférence au Brésil sur les savons anglais si l'on pouvait en abaisser le prix.

La morue serait un article d'une grande importance sous le rapport de la navigation à laquelle elle donne lieu. Importée au Brésil depuis octobre jusqu'en mai, elle se vend au prix moyen de 50 fr. les 114 livres poids de marc.

Nous n'avons pas encore de rivaux pour les modes; mais si l'on continue à n'envoyer que des rebuts de magasin, cet avantage sera bientôt perdu.

Les objets de France qui conviennent particulièrement au Para sont : des draps, des soieries, des rouenneries, dont le besoin se fait souvent sentir, les navires français ne faisant pas dans cette province de fréquentes apparitions. On y prendrait en échange du cacao, du café, des cotons, de la salsepareille; ces articles offrent des bénéfices certains.

Le Brésil reçoit des quantités remarquables de toiles fabriquées en Angleterre, et la France pourrait, pour cet article, lutter avantageusement avec ce dernier pays. Mais il faudrait que pour cette branche, comme pour beaucoup d'autres, on adoptât en France le mode de fabrication imaginé par les Anglais pour fournir aux besoins des masses de la population. C'est par la légèreté des tissus de leurs indiennes qu'ils peuvent établir leurs marchandises à un prix très modique; ils reconnaissent néanmoins la supériorité de nos indiennes et toiles de bonne qualité, car ils en fabriquent au timbre de nos manufactures. Bien plus, une maison anglaise de Saint-Louis de Maragnan a frété un bâtiment au Havre, n'hésitant pas à faire venir une cargaison d'objets de nos manufactures dans un moment où leurs magasins sont encombrés de marchandises anglaises.

Un nouveau genre de papier, nommé *almasse*, a parfaitement réussi dans la consommation.

On peut terminer enfin par cette observation générale, que tous les objets de fabrique française, par l'élégance des dessins et le fini des tissus, l'emportent sur ceux des autres nations; mais que travaillés avec trop de soin, ils ne peuvent être livrés au même prix que les objets anglais. Ces derniers sont d'un usage moins long, mais suffisant dans un pays où le changement plaît et où les femmes mettent du prix à conserver une immense quantité d'objets de toilette.

N° III. *Tarifs et reglemens commerciaux.*

IMPORTATION.

Les droits d'entrée qui se perçoivent aujourd'hui au Brésil sont de deux sortes ; savoir : les droits spéciaux et les droits *ad valorem*.

Les premiers ne sont établis que pour les liquides et le sel, ainsi qu'il résulte de leur énumération qui va suivre :

Vins	en futailles ..	rouges.	13 f.	16 c.	l'hectolitre.
		blancs.	26	52	id.
	en bouteilles.	rouges.	2	50	la bouteille.
		blancs.	5	»	id.
Eau-de-vie et liqueurs....	en futailles.		39	47	l'hectolitre.
	en bouteilles.		7	50	la bouteille.
Huile d'olive en futailles.			7	67	l'hectolitre.
Vinaigre en futailles.			2	74	id.
Sel.			3	62	id.

Quant aux droits *ad valorem*, il a été statué par le traité de Rio-Janeiro, conclu en 1810 entre S. M. T. F. et la Grande-Bretagne, qu'ils se percevraient à raison de 15 o/o pour les marchandises importées par les Anglais ; et l'on sait que pour les produits de toutes les autres nations on perçoit 24 p. o/o.

Le calcul de l'une et de l'autre taxe doit se faire d'après un tarif d'évaluation des diverses marchandises, ou *pauta*, dont la publication remonte à l'année 1812, pour ceux des articles d'importation qui s'y trouvent indiqués : quant aux articles non dénommés, les Anglais ont obtenu par le traité préindiqué que la perception serait faite d'après les prix de facture, sauf l'usage du droit de préemption ; mais pour toutes les autres nations, l'évaluation de ces mêmes articles est abandonnée à l'arbitraire de la douane.

Or ces objets d'importation non dénommés dans la *pauta* sont précisément ceux dont se composent en grande partie les expéditions venant de France, tels que les meubles, les bronzes, les modes, etc.; et d'un autre côté, les pratiques de la douane sont tellement abusives que les évaluations officielles de ce tarif ne sont pas toujours appliquées aux marchandises-mêmes qui s'y trouvent énoncées : ces deux motifs expliquent l'omission que l'on fait ici de ce document.

Des inconvéniens graves résultent sans doute pour le commerce français de l'état actuel des choses tel qu'il vient d'être exposé : aussi des représentations ont été faites au nom du roi ; et le gouvernement local a donné des ordres positifs pour que les intérêts des négocians français fussent ménagés autant que peuvent le permettre les réglemens encore existans.

D'un autre côté de prochaines améliorations dans ces réglemens sont annoncées par un décret publié à Rio-Janeiro le 6 novembre 1824, pour ordonner *la prompte formation d'un nouveau tarif de valeur, destiné à faire droit aux plaintes des négocians étrangers sur le préjudice que leur cause le taux exagéré de la plupart des évaluations actuelles.*

EXPORTATION.

Toutes les productions du Brésil paient à la sortie un droit de 20 0/0.

FIN DES DOCUMENS.

TABLE DES MATIÈRES.

COLOMBIE.

PÉROU.

CHILI.

BUENOS-AYRES.

BRÉSIL.

FIN DE LA TABLE.

ON TROUVE

À la Librairie de l'Industrie, rue St-Marc, n° 10.

Enquête du parlement d'Angleterre sur l'Industrie française. 1 vol. in-8°,   6 fr.

Tarif des Douanes de la République d'Haïti. Brochure de 4 feuilles,   2 fr.

Tarif des Douanes de la Grande-Bretagne. Brochure in-8°, 1 fr.

De la Législation et de la Jurisprudence, concernant les brevets d'invention. 1 vol. in-8°,   6 fr. 50 c.

Essai sur la Comptabilité du Commerce. 1 vol in-4°,   6 fr.

De l'Établissement d'Entrepôts à l'intérieur, pour les denrées coloniales, et notamment à Paris. Brochure in-8°,   1 fr.

Rienzi : par Auger Saint-Hippolyte. 3 vol in-8°, papier vélin satiné,   21 fr.

Chefs-d'Œuvre Historiques de Walter-Scott. 4 vol. in-12, 13 fr.

De la Natation et de son application à l'art de la Guerre. 1 vol. in-12,   4 fr.

Mémoires d'Henriette Wilson, en anglais. 11 vol.   45 fr.

Le même ouvrage traduit en français. 8 vol.   24 fr.

Les Lions de Paris et les Tigres de Londres; par Henriette Wilson, en anglais. 2 vol.   7 fr.

Le même ouvrage traduit en français. 2 vol.   6 fr.

SOUSCRIPTIONS.

Œuvres complètes de Voltaire. 75 vol. in-8°, 3 fr. 50 c. le vol.

Œuvres complètes de Rousseau. 25 vol. in-8°, 3 fr. 50 c. le vol.

Œuvres complètes de Molière. 6 vol. in-8°, 3 fr. 50 c. le vol.

Ces trois ouvrages sont imprimés par Jules Didot l'aîné, sur papier fin satiné.

Répertoire du Théâtre Français. 2 vol. in-8°, de 40 livraisons chacun. Le prix de la livraison est de 2 fr.

Liste de vingt mille militaires français morts dans les hôpitaux de Russie et de Pologne, pendant la campagne de 1812.

9 782329 00818